saper dire

NO

ai nostri

bambini

Pubblicato in lingua francese con il titolo
Savoir dire non à ses enfants

Per l'edizione italiana
Traduzione di Tiziana Merani

www.giunti.it

Via Bolognese 165 - 50139 Firenze - Italia
Via G. B. Pirelli 30 - 20124 Milano - Italia
Prima edizione: marzo 2020

FSC
www.fsc.org
MISTO
Carta da fonti gestite
in maniera responsabile
FSC® C115118

Stampato presso Elcograf SpA, stabilimento di Cles

Elisabeth Maheu

saper dire NO ai nostri bambini

prefazione di
Jean Epstein

DEMETRA

Sommario

Prefazione

Saper dire di no ai nostri bambini è un libro che avrei voluto scrivere io. Il contenuto, al tempo stesso vasto e concreto, ricco di spiegazioni ma anche di proposte, riprende punto per punto le osservazioni che raccolgo nel mio lavoro sul campo con i bambini, con gli adolescenti e con le loro famiglie.
Vediamo rapidamente qualche aspetto che potrà essere messo in pratica sia dai genitori sia da professionisti nell'ambito dell'educazione.

Il «sostegno»

Nel Québec, dove ho occasione di lavorare da diversi anni, nell'ufficio del Ministro della Famiglia c'è una pergamena appesa al muro che recita: «Costa meno aiutare un bambino e una famiglia a formarsi, che aspettare che vi siano disfunzionalità per occuparsene». I quebecchesi chiamano questa pratica «il sostegno» e la inseriscono nel quadro delle attività volte alla prevenzione e al contrasto della lotta contro la violenza.

L'autorità

"Autorità" ha la stessa radice della parola latina *auctoritas*, che ha tra i suoi significati quello di "elevare, accrescere". Esercitare la propria autorità su un bambino vuol dire dunque "elevarlo", farlo crescere, e non ha nulla a che fare con l'imposizione autoritaria. Significa offrire al proprio figlio i giusti punti di riferimento, sapergli dire di no per insegnargli ad accettare e a superare i sentimenti di frustrazione e a interiorizzare il concetto di limite, ma anche sapergli dire i "sì" che servono per sostenerlo e per aiutarlo a maturare la sua autonomia e la sua sicurezza emotiva.

La punizione e la sanzione

Evidenziamo bene la differenza tra i concetti di "punizione" e di "sanzione". Punire un bambino significa privarlo di qualcosa, ma se i bambini vengono continuamente privati di qualcosa, si otterranno ben pochi risultati sul piano del loro sviluppo. "Sanzionare" un bambino significa invece parlargli con rispetto affinché comprenda che determinati comportamenti sono inadeguati e non si possono accettare. Significa anche metterlo nella condizione di prendersi le proprie responsabilità di fronte agli altri e nei confronti di se stesso.

Il libro giusto

In Francia, fino a qualche decennio fa, i bambini avevano molti meno diritti di quelli che adesso sono loro riconosciuti. Oggi la situazione è praticamente rovesciata e molti bambini sono diventati dei piccoli "capi", intrappolati nel "tutto e subito". È urgente, a mio avviso, lottare contro una "patologia" di molti giovani genitori di oggi che si pongono continuamente la domanda: «Mio figlio mi amerà ancora se gli dico di no?». Attraverso le argomentazioni contenute in questo libro, Elisabeth Maheu contribuisce in modo importante a offrire valide risposte.

Jean Epstein
psicosociologo, conferenziere e autore

Introduzione

Che tipo di genitori dobbiamo essere?

Dobbiamo essere genitori comprensivi che arrivano a farsi tenere in scacco dal proprio figlio o genitori "cattivi" ai quali il bambino si sottomette per timore? Né gli uni, né gli altri! E nemmeno un'alternanza dei due, a seconda del momento. Niente di tutto ciò!
Non dobbiamo per forza scegliere tra fermezza e dialogo, cerchiamo, piuttosto, di diventare adulti sereni, capaci di trasmettere al bambino sicurezza e riconoscimento, attraverso un amore confortevole e riferimenti stabili. Il genitore di cui il bambino può fidarsi, nonostante conflitti e crisi che possono capitare, è quello che lo aiuta gradualmente a sviluppare la propria indipendenza. È lo stesso genitore a cui il bambino obbedisce mentre, piano piano, impara a gestirsi autonomamente.
L'obbedienza a una figura autorevole riconosciuta, d'altra parte, è cosa ben diversa dalla sottomissione a una costrizione arbitraria. Attraverso la relazione con un genitore autorevole, infatti, il bambino, nel suo percorso di crescita, riesce progressivamente a mettere in atto un comportamento responsabile e a maturare un'autonomia di giudizio. Ma per poter diventare responsabile è necessario che il bambino impari a riconoscere il contesto in cui vive e a farsi carico non solo dei propri bisogni, ma anche di quelli delle persone che lo circondano.

Come diventare quei genitori?

Praticamente tutti i genitori amano i loro figli, cercano di farli crescere nel migliore dei modi e desiderano con tutto il cuore che siano felici e che stiano bene. Tuttavia, nella vita quotidiana non è sempre un compito facile: quante esitazioni di fronte ai mille consigli ricevuti, complessi o contraddittori, che talvolta generano sentimenti di colpa e di impotenza... Quando sappiamo cosa fare o cosa non fare, in genere siamo in grado di prendere delle buone decisioni, ma poi... nei momenti di stanchezza e di esasperazione possiamo perdere lucidità e le complicazioni della vita di ogni giorno possono indurci a compiere errori che avremmo preferito evitare. Il ragionamento e la volontà non sono sempre la soluzione migliore. E ciò che funziona con il figlio più grande non necessariamente funziona con il più piccolo. Nostro figlio non diventa quello che avevamo sognato all'inizio, è una persona capace di stupirci.

Un libro di ricette?

Sono stata stimolata a scrivere questo "libro di ricette" dai genitori giovani. In fondo, anche i bravi cuochi utilizzano delle ricette e spesso ne confrontano parecchie tra loro, conoscono qualche principio base, poi si adattano ai prodotti che trovano in commercio o a quelli dell'orto, alle spezie locali, al budget, agli strumenti che hanno a disposizione e ai gusti dei loro clienti. Come le ricette per i bravi cuochi, ciascuno di voi troverà alcuni dei suggerimenti proposti in quest'opera più importanti di altri. Questi suggerimenti si possono combinare fra loro, nessuno è una legge assoluta. Condite la salsa a modo vostro... Procedete in questo cammino secondo il vostro istinto, per coglierne qualche idea a seconda dei vostri bisogni e della situazione che state vivendo.

Ricette sì, modello unico no

In questo manuale mi rivolgo a voi genitori in modo caloroso, diretto, empatico, coinvolgendovi nell'azione e nella riflessione. Nel testo utilizzo verbi all'infinito, al futuro o all'imperativo, ma naturalmente non propongo mai prescrizioni, solo incoraggiamenti. «Avere fiducia nel proprio bambino», «Abbiate fiducia nel vostro bambino» o «Avrete fiducia nel vostro bambino» sono espressioni diverse che hanno lo stesso significato: potete avere fiducia, è possibile!

Condividendo con voi la mia esperienza e qualche testimonianza, spero di riuscire a darvi la possibilità di riflettere, di fare un passo indietro, di confrontarvi con altri genitori, per comprendere certi comportamenti e contenere la portata di alcune contraddizioni.

Vi auguro di reagire in modo sempre più sereno ed efficace di fronte agli inevitabili conflitti della vita familiare.

Qui ci dedichiamo ai bambini fino a circa 10 anni di età. La preadolescenza e l'adolescenza sono tappe appassionanti, ma si tratta di un'altra avventura...

Buona lettura!

CAPITOLO 1

La benevolenza verso i bambini

Perché iniziamo parlando di benevolenza quando il tema centrale è "sapere dire no"? In realtà la benevolenza non è un semplice accessorio, come potrebbe esserlo un po' di dolcezza per mitigare il sapore cattivo del potere. "Benevolenza" o "sorveglianza" sono termini che riportano all'idea di *volere il bene* e di *vegliare bene* sul bambino. Vegliare bene sul bambino significa osservarlo, posare su di lui uno sguardo pieno di bontà, di attenzione e fiducia.

GENTILEZZA

Vigilare significa accompagnare con cura e gentilezza. Quando vede la tenerezza brillare negli occhi di chi lo circonda, il bambino si sente riconosciuto e ringraziato per la sua esistenza.

VIGILANZA

Il bambino ha bisogno di sentire che i genitori si prendono cura di lui, gli indicano i limiti della sua libertà e stabiliscono regole che lo rassicurano. Talvolta, come ha bene espresso una bambina di 10 anni, i genitori sono lì per «impedire di esagerare». Vigilare bene significa esercitare un'efficace autorità genitoriale non violenta.

FIDUCIA

Per *autorità* intendo principalmente la capacità di "autorizzare", ovvero di lasciare al bambino tutto lo spazio d'azione possibile affinché possa crescere. La nostra fiducia gli consente di fare progetti e di avventurarsi fuori dalla casa natale.

Il bisogno di punti di riferimento

Il bisogno di sentirsi al sicuro

Un neonato lasciato solo e nudo su un tappeto, senza avere suoni familiari attorno, si agita e piange. Si calmerà solo una volta rassicurato da voci conosciute, cullato da braccia amorevoli, avvolto in una coperta o rannicchiato con il suo ciuccio nel calore della sua culla.

Poi, crescendo, il bimbo ha bisogno di essere accolto, compreso e contenuto nelle sue emozioni per passare progressivamente dal lamento o dal pianto all'espressione linguistica dei suoi bisogni.

La storia di Nicolas, 8 anni, raccontata di seguito, dimostra come un bambino abbia bisogno che gli adulti contengano, talvolta persino fisicamente, certe sue reazioni incontrollate. Bisogna ascoltare il bambino e amarlo, ma anche proteggerlo da se stesso e dagli altri. Ed è importante aiutarlo a saper rinunciare alla soddisfazione immediata dei suoi desideri affinché impari a rapportarsi con gli altri.

LA RABBIA DEL PICCOLO NICOLAS

Nicolas ha 8 anni e spesso ha degli eccessi di rabbia. Durante un giorno di festa in famiglia, inizia a urlare, a buttare a terra tutto ciò che è sul tavolo e a tirare calci a chiunque si avvicini. Gli adulti presenti sono sconcertati. Marie, un'amica di famiglia, si avvicina a Nicolas in modo calmo e deciso, lo prende tra le braccia, mormorandogli in tono affettuoso: «Nicolas, ssshh... respira... ». Poi lo allontana dai cuginetti lì presenti. Lascia quindi la presa, continuando a parlargli con calma. Il bambino tira ancora qualche calcio a un albero, poi si mette a correre in circolo. Le crisi diventano via via meno forti, finché Nicolas si raggomitola addosso a Marie e si addormenta. Poi, per tutta la sera, vuole tenerle la mano e giocare con lei. Non è la prima crisi di Nicolas, quella. In altre occasioni, persone premurose a lui vicine avevano cercato di parlare con lui, esprimendogli grande affetto, ma questo non era bastato a calmarlo. Qualcuno aveva anche cercato di prenderlo con la forza, ma Nicolas aveva reagito dibattendosi e urlando. Stranamente, dopo l'episodio con Marie, non fu difficile calmare Nicolas, come se alla fine, senza riconoscerlo pubblicamente, avesse deciso di acconsentire. È stata l'unione della presenza affettuosa, della dolcezza e della fermezza di Marie a permettere al piccolo Nicolas di calmarsi.

Dare tutta la libertà possibile e spiegare

Il bisogno di sicurezza e di attaccamento del bambino deve essere soddisfatto affinché la paura dell'ignoto e dell'abbandono non frenino il suo desiderio di libertà. Il bambino arriva all'autonomia piano piano, gradualmente. Lasciategli più libertà possibile affinché possa evolversi e fare esperienze senza mettersi in pericolo; torneremo in seguito sull'argomento. Non c'è bisogno di aggiungere costrizioni artificiali poiché le situazioni reali, di fatto, pongono già dei limiti alla libertà: il fuoco ci brucia se ci avviciniamo troppo. Ci confrontiamo continuamente con la legge di gravità ma anche con i diritti degli altri, con le regole dietetiche per mantenersi in salute, con le conseguenze della stanchezza e così via. Il bambino ha i propri limiti da far rispettare da fratelli e sorelle, dai compagni di classe e anche dagli adulti.
Ciò che darà sicurezza al bambino sarà il fatto di individuare tutti questi limiti e, tenendoli ben presenti, capire quello che gli è consentito fare. Per strutturarsi, il bambino ha bisogno di sapere esattamente ciò che è possibile e ciò che non lo è. «Ci si sente più sicuri a casa della mamma, lì si conoscono le regole e non cambiano tutti i

giorni». Senza regole e senza limiti, il bambino non è libero perché si sente perso.

Accogliere le emozioni, accettare le frustrazioni

Che cosa ne pensano le neuroscienze?

Daniel Favre[1], ricercatore nel campo delle neuroscienze, spiega che i lobi frontali — aree del cervello che arrivano a maturazione verso i 15-16 anni — svolgono funzioni legate a spazio, tempo ed emozioni. I comportamenti violenti corrispondono spesso a un'elaborazione delle informazioni dal cervello che favorisce un "corto circuito" (reazione istintiva del corpo amigdaloideo a ciò che è percepito come frustrazione, in pochi decimi di secondo). Bisogna quindi educare il giovane a inibire queste risposte del corto circuito a favore del circuito "lungo" (che richiede più secondi). Favre precisa che un'educazione troppo permissiva non permette al bambino di imparare a gestire le frustrazioni se non attraverso la perdita di controllo. Sostiene anche che un'educazione rigida rischia di separare il soggetto dalle proprie emozioni, avendo sistematicamente fatto ricorso all'inibizione delle stesse attraverso i lobi frontali. Il genitore deve porre divieti riferiti ad atti concreti e non a desideri o emozioni. Evitate quindi di dire a vostro figlio: «Non hai bisogno di tuo fratello per giocare». Manifestate invece la vostra comprensione, senza tuttavia cedere alla richiesta: «Capisco che vorresti giocare con tuo fratello, ma ora dorme, non svegliarlo». Quando gli dite: «Non ti arrabbiare», lo state rimproverando per un'emozione che lo domina e che non riesce a gestire. Al contrario, accettate la sua rabbia e chiedetegli di esprimere a parole ciò che prova: «Sei molto arrabbiato? Spiegami che cosa succede...».

[1] Autore di *Transformer la violence des élèves*, ed. Dunod, 2007

Insegnare ai bambini a creare delle regole

I bambini sono abituati a sentirsi chiedere di rispettare regole stabilite dagli adulti, ma saranno più avvantaggiati se sapranno crearne qualcuna loro stessi nel chiaro rispetto delle regole non negoziabili già dettate dagli adulti. A seconda delle esigenze familiari, per esempio, si potranno organizzare turni per apparecchiare la tavola, fare lavoretti in giardino, stabilire l'uso della televisione o quello delle biciclette. Alla ludoteca si discuteranno le regole di un gioco di gruppo, dell'organizzazione della merenda o del modo in cui aiutare i più piccoli; a scuola si possono elaborare regole di convivenza in classe e così via. Ovvero, è possibile, ed è auspicabile, chiedere ai bambini di partecipare all'organizzazione della vita comune in modo attivo, concreto e graduale, tenendo sempre conto delle loro capacità di ragionamento. Gli adulti li aiuteranno a utilizzare nel miglior modo possibile questa possibilità e così facendo insegneranno loro come prendere decisioni: ascoltare i bisogni di ciascuno, considerare gli obblighi esistenti, chiarire gli incarichi, prevedere un tempo di sperimentazione, riparlarne, riadattare e così via. Se ci sono più bambini, impareranno a negoziare, a costruire un insieme di compromessi accettabili tra i desideri degli uni e quelli degli altri. Questo richiede un po' di tempo. L'interesse e l'importanza di attivare un circuito di questo tipo, risiede non tanto nel risultato spicciolo (chi apparecchia il giovedì) quanto nel processo di scambio e in quello decisionale.

I bambini si renderanno conto che le regole non esistono per farli arrabbiare, ma per risolvere i problemi, per facilitare le cose e per proteggerli dai più forti. Capiranno ben presto che una regola è rispettabile se tiene conto dei bisogni della maggioranza e che è più facile riuscire ad osservarla quando riguarda tutte le persone interessate. Le regole dovranno poi essere applicate e qualche volta ricordate. E i bisogni dovranno essere garantiti attraverso "castighi" educativi. Ma ritorneremo anche su questo punto. Il bambino acquisisce in questo modo le competenze che gli consentono di comprendere e rispettare norme e regole, le quali devono sempre avere come scopo quello di proteggere i diritti di ciascuno e di favorire la vita insieme agli altri. Il bambino, avendo la possibilità di rifletterci, può maturare un senso di responsabilità e al tempo stesso la lucidità necessaria per criticare quelle regole che non svolgono bene la loro funzione.

REGOLA N. 1

Vigilate con attenzione sui vostri figli, accogliete le loro emozioni ma non esitate a contenere i loro eccessi con la vostra presenza. Stabilite regole chiare e date loro la possibilità di crearne loro stessi.

Autorità e gentilezza

La gentilezza non è cedevolezza

Il bambino ha bisogno di ricevere dagli adulti appoggi fermi e informazioni chiare: è veramente "sì" o è veramente "no"?
La chiarezza non impedisce di essere flessibili e di accogliere le sfumature: sappiamo bene che molte situazioni sono complesse.

La gentilezza non è condiscendenza

Quando, per non fare soffrire i vostri figli, accettate "solo in parte" ciò che abitualmente considerate inaccettabile, che cosa credete che capiscano i bambini?
Non pensate che, considerato che è già stato possibile, proveranno di nuovo a ottenere una caramella extra, per esempio, o magari a raccontare un'altra piccola bugia per giustificare un'assenza a scuola?
La gentilezza non ha niente a che vedere con la compiacenza di chi avalla determinati comportamenti e chiude gli occhi solo per avere un vantaggio nell'immediato. Non c'è gentilezza senza verità e autenticità. Tuttavia, il fatto di essere, da genitore, dalla parte della ragione, non basta a convincere i bambini a stabilire relazioni pacifiche se non ci si esprime con calma e non si adotta un atteggiamento comprensivo.

La gentilezza è soprattutto uno sguardo pieno di bontà

Con la gentilezza viene spontanea la pazienza. È facendo piccoli passi, a misura di bambino, che si procede insieme a lui.
In realtà non si tratta solo di avere pazienza, ma di manifestargli realmente la vostra empatia e la vostra accettazione: «Ti voglio bene così come sei, sono felice dei tuoi progressi, sono triste per le tue delusioni». E di incoraggiarlo nei suoi tentativi o quando si sforza di correggere i suoi errori: «Ho fiducia in te, stai facendo delle esperienze, è così che impari meglio».
Al contrario, pretendere che il bambino si comporti sempre in maniera ideale risulta essere una grande violenza, perché lo condanna al fallimento e al senso di colpa per il fatto di non essere in grado di soddisfare il genitore.
Esercitare la propria autorità significa prima di tutto autorizzare il bambino a parlare di ciò che prova e desidera, spronarlo a mettersi alla prova, a fare progetti, a crescere, a diventare artefice della sua stessa vita. Significa costruire una relazione di fiducia che permetta al bambino di diventare un adulto sicuro di sé, autonomo e che rispetti le persone che lo circondano.

REGOLA N. 2
Con i vostri figli soprassedete sulle cose di poca importanza e siate fermi su ciò che è essenziale. Date loro prova di flessibilità, bontà e pazienza.

Non sarò troppo gentile?

Gentile o severo? È una buona domanda?

Un giovane genitore mi parlava delle sue preoccupazioni: «Mi chiedo se non sia troppo gentile con i miei figli. Spesso gli altri mi dicono di essere più severo con loro, ma io non sono diventato papà per terrorizzare la mia famiglia!». Quanta confusione in questo pensiero! Gli adulti dovrebbero sapere che quando stabiliscono delle regole non sono cattivi, al contrario, si rendono utili e rassicuranti per i bambini. Da secoli si pensa che con le punizioni e le minacce si ottenga il rispetto delle regole, nei prossimi capitoli vedremo come le punizioni raramente sono efficaci e troveremo spunti per comportarci diversamente.

Dare amore e regole al tempo stesso

L'amore non è un'opzione supplementare: l'affetto fa parte dell'educazione. Quando il bambino riceve dalla stessa amorevole persona sia concessioni che divieti, capisce che non vi è contraddizione tra le due cose, ma che sono complementari. I bambini conservano ricordi positivi degli adulti che hanno dato prova di fermezza e gentilezza al tempo stesso.

REGOLA N. 3

L'educazione è un servizio reso ai bambini:
educare significa donare amore, regole e libertà.

Genitori, figli, ciascuno al proprio posto

La responsabilità genitoriale

La responsabilità genitoriale è regolata dal Codice Civile che sancisce i doveri dei genitori nei confronti dei figli, ovvero l'obbligo di tutelarli relativamente alle condizioni di vita, all'istruzione, all'educazione e alla salute. Padre e madre devono dunque attenersi alla legge, che non è una legge personale ma è una legge dello Stato, atta a proteggere i minori.

L'autorità messa a repentaglio

C'è stato un tempo in cui in certe famiglie l'autoritarismo dei patriarchi impediva ai bambini, e soprattutto alle bambine, di esprimersi e di affermarsi. Oggi, al contrario, troppi genitori fanno fatica a esercitare la loro autorità, tanto la nostra società ha messo in discussione questa funzione. Numerose pubblicità e film hanno fatto del bambino un piccolo re, offrendo un'immagine stereotipata di genitori e nonni come di individui all'antica, superati dalle mode.

Non lasciamoci influenzare dall'imperativo di restare "giovani e moderni". I bambini hanno bisogno più che mai di adulti che sappiano trasmettere la testimonianza del loro vissuto. I genitori, biologici o adottivi che siano, inseriscono i bambini in un rapporto di filiazione, offrono loro un legame, una corda, perché si orientino, un po' come fanno gli scalatori in cordata. In alcune popolazioni della Polinesia, per esempio, il termine "vecchi" non ha una connotazione negativa. Gli anziani vengono rispettati perché è loro riconosciuta la capacità e la responsabilità di correggere gli errori dei più giovani e di mostrare loro il cammino.

I genitori non sono amici

MUSTAPHA, PAPÀ DI NADINE, 7 ANNI

Mustapha è scandalizzato dal modo in cui i compagni di sua figlia parlano ai loro genitori. «Viene da chiedersi chi sia il padre!» esclama. E aggiunge: «Io gioco con mio figlio, discuto con lui, lo lodo nei tornei di pallavolo… ma io sono il papà, non un amico!».

Questo padre ha ragione a non volere essere trattato da pari a pari dal proprio figlio. Ovviamente i principi di uguaglianza dal punto di vista del diritto sono applicabili a tutti, e certamente il rispetto della dignità è dovuto a tutti senza eccezione alcuna, ma lo status e i ruoli sono diversi. Il ruolo dei genitori è quello di educare i figli e di trasmettere fiducia in loro stessi e nella vita, in altre parole, di prenderli per mano per condurli verso il domani. Ma, in particolar modo all'inizio, la loro relazione non è simmetrica.

REGOLA N. 4

Bambini, genitori, amici: ciascuno al proprio posto!

Padre e madre: un'autorità congiunta

Nella nostra società i ruoli di padre e madre ormai si assomigliano sempre di più. Il padre non è l'unico detentore dell'autorità e la madre non è la sola fonte di tenerezza (e viceversa). È importante che il bambino riceva, da ognuno di loro, tanto messaggi d'amore quanto messaggi di fermezza, ma i genitori non adottano questi atteggiamenti allo stesso modo.

L'amore materno e quello paterno si esprimono con modalità differenti. L'autorità materna e quella paterna usano approcci di un tipo con il bambino e di un altro con la bambina. Anche se siete due padri o due madri, avete caratteri diversi, e questo è solo un bene.

A meno che non vi siano contraddizioni su punti essenziali, il bambino crescerà benissimo con modelli diversi. Queste differenze gli lasciano lo spazio per esistere e pensare con la propria testa, gli rivelano a poco a poco le diversità del mondo.

Imparare a gestire i disaccordi

Cosa c'è di più consueto di due genitori che si trovano in disaccordo su questa o quell'esigenza, nel correre o meno un rischio, nel prendere una decisione o un'altra rispetto ai figli?

L'importante è riuscire a concordare insieme una strategia condivisa per affrontare situazioni di questo tipo.

QUALCHE ESEMPIO DI DISACCORDO TRA GENITORI

- Testimonianza di una madre: «Quando mio marito dà da mangiare alla nostra bimba di 2 anni, dimentica di mettergli il bavaglino e mescola lo yogurt con i fagioli perché è più semplice! Io spesso disapprovo il suo comportamento... Per contro, lui alza la voce molto più di me!».
- Il vostro compagno pensa che il vostro bambino di 9 anni possa badare alla sorellina mentre siete dal dottore e voi non siete per niente d'accordo.
- La vostra compagna impedisce al vostro bambino di 11 anni di guardare la televisione durante un pomeriggio in cui non c'è scuola. Per voi, invece, non c'è nulla di male se lo fa.

Se vostro figlio prova a intromettersi nella vostra azione congiunta con l'altro genitore o se cerca di ottenere un permesso da voi dopo avere avuto un rifiuto dal vostro partner, evitate di cadere nella trappola e confrontatevi. Non si tratta di fare muro contro il bambino, ma di parlarvi tra adulti, di considerare sia i bisogni del bambino sia i vostri, e di ricordare o rivedere insieme le regole stabilite. I bambini sono in grado di capire che voi non siete d'accordo, e anche questo ha per loro un valore formativo. Attenzione, però! I bambini, che lo dimostrino o meno, soffrono quando sono testimoni di regolamenti di conti tra i genitori e tremano all'idea di dover prendere una posizione. Hanno ragione a voler evitare di essere coinvolti nelle liti degli adulti! Regolate i vostri conflitti tra voi, in disparte, trovate un accordo e poi spiegate con calma perché i vostri punti di vista erano diversi.

Abbiate fiducia nel vostro partner

Se siete una coppia, abbiate fiducia nel vostro compagno o nella vostra compagna. Chi si occupa per più tempo del bambino di solito "detta la linea" da seguire, sceglie quali comportamenti tenere e se ne assume la responsabilità.

Ma ringraziate comunque l'altro genitore della parte che svolge, perché, anche se non ci sa fare come voi, anche se è meno continuo di voi, non per questo mette a repentaglio la sicurezza o l'avvenire di vostro figlio e per il bambino è una figura di riferimento non meno importante di voi. È meno esperto di voi? Accogliete le sue richieste di aiuto. Se non vi fa domande, cercate di comprendere che, per sperimentare i suoi metodi ed eventualmente per modificarli, si troverà sicuramente più a suo agio senza la vostra sorveglianza.
Tuttavia, se notate che vostro figlio non sta bene o se sospettate una relazione malsana, è vostra responsabilità proteggere il vostro piccolo e consultare un professionista.

REGOLA N. 5
Genitori, abbiate fiducia l'un l'altro, confrontatevi, prendete in esame le vostre divergenze e cercate di trovare insieme le soluzioni migliori.

Non tutto è regolamentato!

È permesso!

Le regole del gioco esistono per permettere di giocare. Ciò che più conta non è la cornice, il perimetro, ma ciò che si può fare al suo interno. Genitori, ricordate i divieti, ma non dimenticate l'essenziale, ovvero ciò che è autorizzato! «Puoi giocare fino all'ora di cena», «Se ti sei lavato le mani, puoi andare a prendere il gioco delle carte» ecc.

Il sapore della fratellanza

I bambini sperimentano che si è più felici nei gruppi in cui si fraternizza. Fratellanza significa condividere il tempo, gli strumenti, le informazioni e saper realizzare e programmare insieme buoni progetti. Fraternizzare è sperimentare e manifestare gratitudine, prendersi cura gli uni degli altri e costruire delle belle complicità. Fortunatamente non tutto è regolamentato: cucinare insieme e condividere un dolce, aiutare chi è di turno e vorrebbe più tempo libero, consolare chi è triste...

REGOLA N. 6
Scopo del gioco: essere il più possibile felici! Cercate di fare con i vostri bambini tutto ciò che non è obbligatorio e che perciò contribuisce a rendere piacevole la vostra vita.

TEST

Dargli fiducia, certo, ma fino a che punto?

Il bambino conta molto sulla fiducia che gli manifesta chi gli è vicino e cerca di esserne degno. «La fiducia che mi dimostravi mi dava le ali, la tua fiducia mi faceva impegnare», scrive Anna in una poesia.
La fiducia in noi stessi, come quella che accordiamo ai nostri figli, si consolida nelle risposte che abbiamo ricevuto quando eravamo piccoli e nelle nostre prime esperienze di vita. L'avere fiducia nei nostri bambini non ci dispensa dal valutare la ragionevole dose di rischio che decidiamo di correre e che tiene conto di diversi fattori: luogo di residenza, vicinato, figlio unico o famiglia numerosa, genitore unico o coppia, temperamento ed età del bambino ecc. Nulla è definitivamente definito.
E voi? Qual è la vostra posizione? Ecco qualche esempio concreto. Immaginate che le seguenti situazioni si presentino nella vostra vita. Che cosa fareste?

Situazione 1: Clotilde, 6 anni

Abitate in un piccolo paese. Vostra figlia chiede di andare da sola a comprare il pane. Avete fatto insieme il tragitto fino al negozio molte volte. La bambina conosce perfettamente i pericoli e ricorda le istruzioni per attraversare la strada nei punti giusti.

Situazione 2: Victor e Noam, gemelli di 10 anni

Avete affidato la preparazione di un pasto ai vostri ragazzi, ma loro vogliono decidere il menu e fare la spesa da soli. Vi chiedono anche di uscire per un po' per lasciarli soli e potervi preparare una sorpresa.

Situazione 3: Josephine, 12 anni

Josephine vuole andare a fare un giro della durata di un giorno in bicicletta con tre amici, senza adulti. Vi chiede il permesso.

LE DOMANDE CHE DOVETE PORVI

In queste situazioni sareste entusiasti o perplessi?

Se rispondete di no

- Per quale motivo? Di cosa avete paura?
- Cosa dite al bambino nel rifiutare il permesso?
- Riuscite a prevedere la reazione di vostro figlio?

Se rispondete di sì

- A che condizioni? Con quale preparazione?
- Quali raccomandazioni e quali incoraggiamenti gli date?

Situazione 4: tocca a voi!

Ripensate a quando avete lasciato che vostro figlio se la sbrigasse da solo per la prima volta. Le domande che seguono vi chiedono di spiegare gli effetti che queste esperienze hanno avuto su vostro figlio, su di voi e sulla vostra relazione.

LE DOMANDE CHE DOVETE PORVI

- Durante la sua assenza come vi siete sentiti: fieri? Sollevati? Inquieti? Nel panico? Fiduciosi? Impazienti che tornasse? Siete riusciti a stare tranquilli e a dargli fiducia?

- Vostro figlio ha seguito le vostre raccomandazioni?
- Ci sono state conseguenze spiacevoli? Si è messo in situazioni pericolose? Ha fallito perché il suo obiettivo era troppo elevato?
- Ha avuto il coraggio di chiedere aiuto?
- In seguito a questa esperienza la vostra relazione è migliorata?
- Che progressi avete notato nel vostro bambino rispetto alle iniziative da prendere?
- È capace di valutare il proprio comportamento?
- Quali nuove competenze ha acquisito?
- Adesso avete più fiducia nel vostro bambino?

Qualche spunto di riflessione

Il questionario non ha lo scopo di inserirvi per forza in una categoria di genitori. Siete voi che, forse, vi riconoscerete in uno dei profili.

Se lasciate molta libertà a vostro figlio

La fiducia che date a vostro figlio è di grande aiuto per il suo avvenire. Controllate comunque che si senta a proprio agio nello spazio di libertà che gli concedete e che possa provare un senso di successo. In realtà un'impresa troppo pericolosa potrebbe portarlo a rifiutare ogni nuova esperienza. La testimonianza che segue riporta la collera di Teresa nei confronti di sua madre che, probabilmente senza alcuna intenzione di nuocere alle figlie, ha mancato di perspicacia: «Mia madre ci ha lasciato fare tutto ciò che volevamo quando eravamo piccole. Mia sorella e io eravamo molto giovani quando abbiamo vissuto esperienze che ci hanno causato paure e lasciato conseguenze. Io non darò mai una simile libertà alle mie figlie!». Oggi Teresa, divenuta madre a sua volta, è molto protettiva nei confronti delle figlie. Non vuole che subiscano quello che ha vissuto lei.

Se non volete che vostro figlio corra dei rischi

Volete evitare a vostro figlio esperienze dolorose? Pensate sia ancora troppo piccolo per poter usare un coltello? Gli impedite di uscire da solo o con un compagno? Non dimenticate che l'esperienza del rischio è necessaria: il bambino che non vi si è mai confrontato si trova ancora più disarmato davanti ai pericoli. Non potrete proteggerlo per tutta la vita. Ognuno deve imparare a fronteggiare i rischi e ad assumersi la responsabilità della propria sicurezza. Vostro figlio senza dubbio commetterà degli errori. Tentennerà. Questi errori, se li analizzerete insieme a lui, gli saranno molto utili per definire le precauzioni da prendere e per fare progressi.

Se fate fatica a calcolare l'entità dei rischi

Non vi limitate a quantificare il grado di rischio globale, cercate anche di precisare la natura dei rischi assunti: il bambino rischia di farsi molto male o semplicemente di prendere freddo? Rischia di far perdere del tempo o del denaro a qualcuno? E se sì a che livello? Si sporcherà soltanto o rischia di rovinare i vestiti? Questa esperienza rischia di danneggiare la vostra reputazione o la fiducia che gli altri genitori vi accordano?

Se non avete fiducia in voi

La fiducia in se stessi si può sviluppare applicando il "metodo dei piccoli passi concreti", a condizione di poterne parlare con persone che vi conforteranno e non vi colpevolizzeranno. Leggete la regola n. 50!

Se avete totale fiducia nel vostro bambino

Molto meglio! Guardandolo crescere avete osservato le incredibili facoltà di vostro figlio nel trovare il suo equilibrio, nello stabilire legami, nel volere capire, ma, ovviamente, ci sono limiti a questa fiducia. Quando la sua manina si avvicina alla presa elettrica, gli dite un bel «No!» con tono energico e fermo. Il bambino allora capisce che c'è qualcosa di serio da evitare. Ben inteso, a 18 mesi è necessario ripeterglielo e mettere dei copripresa, nel caso in cui andasse a rovistare in giro, ma da quando il bambino sarà capace di memorizzare, tenderà ad ascoltare le direttive degli adulti che lo proteggono.

Se pensate che troppa fiducia renda miopi

La fiducia totale nei parenti è normale in un bambino piccolo e ben accudito. Ma se la fiducia resta miope, diventa davvero pericolosa: adulti malevoli o poco equilibrati possono approfittarne, alcuni compagni rischiano di proiettare su di lui il loro desiderio di onnipotenza... Aiutate i vostri figli ad affermarsi: andate al capitolo 6!

REGOLA N. 7

Non c'è educazione senza assunzione di rischio.
La sicurezza si impara, la fiducia si costruisce!

CAPITOLO 2

Dire di no a cosa?

Piuttosto che allungare la lista dei divieti, concentriamoci sull'essenziale: quali sono le nostre priorità in qualità di genitori? Per esempio, una regola che invita al rispetto del prossimo sarà più importante di una relativa all'organizzazione del lavoro, e una regola di sicurezza avrà la precedenza su quella relativa al comfort.

Bisogna dire di no alla violenza e all'ingiustizia, riconoscere le trappole del comportamento imitativo e del consumismo sfrenato, chiedere il rispetto per tutti e proporre ai nostri bambini di provare tutto ciò che è buono!

Le convenzioni internazionali e le leggi dello Stato sono votate a proteggere la vita e i diritti dei cittadini. In questo quadro esistono anche disposizioni particolari per ogni ambiente: il codice della strada regola la conduzione dei veicoli; il regolamento interno di una scuola precisa le norme di sicurezza e l'organizzazione dell'apprendimento; i turni di lavoro a casa evitano di ridiscuterne ogni giorno.

In ogni ambiente ci sono organismi preposti che stabiliscono le regole. Ciascuno è responsabile per se stesso e di fronte agli altri dell'applicazione di queste norme e ci sono persone ufficialmente incaricate di verificare che vengano applicate.

No
alla violenza

Non uccidere, non usare violenza sul prossimo... questi sono alcuni dei punti fermi, dei divieti fondamentali che regolano le relazioni umane nella nostra società. Leggi apposite normano il nostro rapporto con gli altri: non si può danneggiare, offendere o umiliare il prossimo; non si può impedirgli di esprimersi liberamente; non è possibile introdursi nelle abitazioni altrui se non invitati; non si deve sfruttare, manipolare o derubare nessuno...

Dite no ai toni violenti

Compito dei genitori non è solo insegnare ai propri figli a non mettere in atto comportamenti violenti, è anche quello di fare attenzione al loro linguaggio, *impedendo che si esprimano in modo minaccioso* con frasi del tipo: «Fermati o sei morto!», «Giuro che ti distruggo!».
Molti ragazzi minimizzano queste espressioni: «Lo facciamo per divertirci»; «Non è violenza, non l'abbiamo picchiato!».

Violenza verbale: primo passo verso la violenza fisica
Parole cariche di minacce o di discriminazione possono avere ripercussioni psicologiche gravi sulle vittime.

Come ci si difende?

Quando veniamo insultati si ha voglia di rispondere in modo ancora più aggressivo: lo facciamo per difenderci, per vendicarci o per fare vedere che siamo i più forti?

LOUIS, PADRE DI GASPARD, 8 ANNI

«Quando mio figlio viene picchiato a scuola, durante la ricreazione, è giusto che si difenda. Altrimenti subirà per tutta la vita la violenza degli altri. Deve dimostrare di essere il più forte!».

Non confondiamo la forza e la violenza. Il più forte è quello che si difende senza cadere nella trappola del comportamento imitativo, è quello abbastanza solido da resistere alla tentazione di usare gesti e toni aggressivi.
Chiedete al vostro bambino di fare attenzione, di non mettersi inutilmente in situazioni di pericolo, di non restare isolato di fronte alle minacce. Per esempio, se è tentato di provocare un bambino il cui comportamento lo infastidisce, aiutatelo a immaginare le possibili conseguenze delle sue azioni.
Quando veniamo attaccati, ovviamente ci dobbiamo difendere, ma in caso di lotta, non sempre siamo i più forti fisicamente! Come comportarci in quelle situazioni? Consigliate ai vostri figli di spiegare con chiarezza che non sono d'accordo e non vogliono quegli scontri. Ma se così non funziona, bisognerà cambiare tattica in fretta: creando un diversivo, prendendo tempo, andandosene, chiedendo aiuto ai vicini, ai compagni, ai sorveglianti o persino alla polizia.
Se si è i più forti e si viene attaccati, a volte non resta altro che cercare di bloccare l'altro. È ciò che si impara a judo, per esempio. Bisogna farsi rispettare, proteggersi... L'obiettivo, ovviamente, non è fare del male a chi in un diverbio diventa un nostro avversario, ma dobbiamo

essere consapevoli che anche due bambini, in una contrapposizione accesa, possono farsi male pur senza volerlo. Senza tener conto che a volte possono intervenire terze persone a peggiorare la situazione.

La non violenza secondo Gandhi

Gandhi, celebre difensore dell'Indipendenza in India, spiegava che la violenza è da preferire alla vigliaccheria, ma aggiungeva anche che la non violenza è infinitamente più efficace della violenza.

La violenza può sembrare la soluzione giusta per fermare temporaneamente l'avanzata dell'avversario (a condizione di essere più forti di lui). Ma la violenza non è un rimedio al male, non ripara, non fa che aggiungere un problema all'altro, un dramma all'altro, accende l'aggressività degli uni e degli altri e blocca tutti in una spirale infernale. Gli adulti hanno la responsabilità di ascoltare ed educare i figli affinché sappiano difendersi senza far ricorso alla violenza fisica o verbale. Hanno anche la responsabilità di reagire in modo concreto per cercare soluzioni ai problemi che i figli stanno attraversando. I conflitti sono inevitabili, ma ciò che si può evitare è di subirli in silenzio o di vendicarsi in modo miope.

REGOLA N. 8

Vietate la violenza ai bambini. Fornite loro degli strumenti concreti affinché non cadano nelle trappole che tendono quelli in cerca di guai: sapere quando e a chi parlarne, riconoscere gli ingranaggi della violenza, esercitarsi a gestire i conflitti con mezzi non violenti.

Avere il coraggio di dire: «Non è possibile»

Vi è capitato di attraversare un momento difficile in famiglia o nel vostro ambiente di lavoro e di non sentirvi all'altezza della situazione? In quel periodo avete avuto l'impressione che vostro figlio, approfittando della vostra debolezza, peggiorasse le cose?
Considerate che è un bambino e non sempre è in grado di darvi la comprensione di cui avreste bisogno. Non scoraggiatevi e cercate l'appoggio dei vostri cari, ma soprattutto cercate di mantenere la vostra posizione senza cedere al ricatto affettivo cui vostro figlio, anche senza rendersene conto, vi sottopone.

Abbiate il coraggio di dire: «Non lo so»

Vostro figlio non si aspetta che voi abbiate una risposta a tutto, perciò non sentitevi angosciati se vi fa tante domande.

SARAH, MAMMA DI LUCAS, 9 ANNI

«Non so usare il tablet, non ho sempre le parole per rispondere alle tue domande o gli argomenti per spiegarti il mio punto di vista, non conosco i cantanti di oggi e nemmeno le marche più alla moda... Ma mi fa piacere che mi spieghi quello che non so. E devi sapere che imparare mi è costato fatica e che conosco il valore del rispetto. Sono tua madre e mi devi rispetto».

Se questa madre riuscisse a esprimere i suoi sentimenti direttamente a suo figlio, il bambino sarebbe senza dubbio in grado di capirli.

Abbiate il coraggio di dire: «Non posso»

I bambini, quando entrano in relazione con i coetanei, vivono le contraddizioni tra i comportamenti dei compagni e le regole acquisite in famiglia.

CHARLOTTE, MAMMA DI LÉON, 9 ANNI

Questa madre addolorata esprime così il suo senso di impotenza: «È dura dire di no ai nostri figli quando non gli si può comprare tutto quello che i compagni possono avere: regali di marca, cinema, settimane bianche, viaggi d'istruzione. Mio figlio dice che si vergogna di fronte ai compagni, ma qualche volta credo che se ne approfitti per metterci alla prova».

Cedere a ogni richiesta di vostro figlio per dimostragli il vostro amore è un errore, così come sentirsi in colpa per non avere il denaro sufficiente per farlo. Non cercate di giustificarvi, potete sostenere vostro figlio in altri modi: inventate con lui nuovi giochi, incoraggiatelo, consolatelo quando ne ha bisogno. Lo nutrite, lo curate quando è malato... Ma non potete farvi carico di tutte le sue frustrazioni. Sapete cos'è che conta davvero e potete fare molto per lui: non c'è bisogno di navigare sui social né di essere facoltosi per offrirgli una presenza affettuosa ed essere, per la vostra famiglia, un sostegno al tempo stesso fermo e comprensivo.

REGOLA N. 9

Accettate di non potere tutto e di non sapere tutto. Chiedete rispetto a vostro figlio ma dimostrategli considerazione. Proponetegli dei momenti speciali per stare insieme.

No al consumismo sfrenato

Vuole un altro videogioco

Un bambino non sa che cos'è meglio per lui: l'eccitazione davanti alle vetrine di Natale, i confronti con i compagni, le pubblicità onnipresenti alla televisione... tutto questo crea falsi bisogni in modo artificiale.

JEAN, PADRE DI DUE BAMBINI

> «Noi abbiamo già il televisore, ma il mio bambino di 9 anni ne vuole un altro in camera sua, così come reclama l'ennesimo videogioco. La sorella adolescente, invece, chiede uno smartphone di ultima generazione. Non si finisce mai!».

In una società che esalta il consumismo e la competizione, i giovani possono soffrire davvero molto. Per loro è difficile riuscire a distinguere tra ciò che è necessario, ciò che è piacevole e ciò che è superfluo. Come può un bambino rimanere indifferente e non provare desiderio verso le cose meravigliose che i suoi compagni possiedono: il tablet, le scarpe da ginnastica con le lucine che lampeggiano o i vestiti griffati?
L'essere umano è per sua stessa natura portato a desiderare ciò che hanno gli altri per sentirsi sullo stesso piano. In certi casi il desiderio mimetico, cioè l'inclinazione a imitare gli altri, può stimolare l'apprendimento: «Voglio fare il lavoro di mio zio». Ma questo meccanismo può anche diventare una competizione distruttiva.

Computer, videogiochi e l'onnipresenza di Internet

Non vietate tutto ai vostri figli: demonizzare computer, tablet, Internet e così via è altrettanto sbagliato che permetterne un uso incontrollato. Imparate a guidare e a proteggere i vostri figli quando sono alle prese con questi strumenti. L'uso di mezzi tecnologici deve essere necessariamente rapportato alla loro età sotto la vostra discreta sorveglianza.

Per i più piccoli, sotto i 3 anni

Gli specialisti sono chiari sull'argomento: molte ore passate davanti agli schermi prima dei 3 anni mettono a rischio lo sviluppo dei bambini per il forte impatto che possono avere immagini inadeguate alla loro età, perché possono confondere mondo virtuale e realtà e perché vengono indotti all'isolamento e ad assumere atteggiamenti passivi. Date la preferenza ai giocattoli (travasi, scatole e pezzi di legno da impilare andranno benissimo!), alle passeggiate e ai giochi all'aria aperta, o alla lettura dei magnifici libri che potete prendere in prestito gratuitamente nelle biblioteche pubbliche.

A partire dai 4 anni

Da 4 a 12 anni i vostri bambini hanno tanti interessi e ogni tanto, tra un gioco e l'altro, possono tranquillamente passare un po' di tempo alla televisione o al computer senza alcun pericolo. Controllate le loro scelte e, se lo ritenete necessario, usate il Parental Control.
Il bambino non può tutelarsi da solo dalle immagini pornografiche e dai conseguenti danni futuri sulla sua sessualità. È sensibile al continuo martellamento di immagini violente e di messaggi pubblicitari, e d'altronde, chi non lo è?

I preadolescenti, da 10 a 14 anni

Un bambino di 11 anni introdotto dall'amico adolescente al mondo dei social network, senza l'assistenza di un adulto non è in grado di capire i pericoli connessi alla pubblicazione online di foto o di messaggi intimi, anche se solo "per scherzo". Fate il possibile per aprire un canale di comunicazione con vostro figlio, che vi consenta di dialogare con lui delle trasmissioni che ha guardato, dei siti che ha visitato, dei social che utilizza. Accettate il fatto che i suoi interessi siano diversi dai vostri, è inevitabile, ma sorvegliatelo.

Per quanto riguarda i videogiochi, ce ne sono di buoni e di meno buoni. Ci sono giochi interattivi ben fatti che permettono ai bambini di sviluppare le loro abilità o di cooperare con fratelli e sorelle, ma altri hanno contenuti non adatti.

Fatevi una cultura su queste cose, informatevi e selezionate!

Privilegiate sempre valori diversi da quelli materiali

I complimenti che il vostro bambino può ricevere per le qualità umane che dimostra di avere e per i suoi piccoli o grandi successi appagheranno il suo bisogno di riconoscimento molto più dell'abbondanza di beni materiali.

Ci sono tante attività divertenti che hanno costi contenuti: i laboratori organizzati nelle biblioteche pubbliche, molte attività sportive, ma anche riunioni familiari con fratelli, sorelle e cuginetti, la situazione ideale per scatenarsi giocando a nascondino o in un'appassionante caccia al tesoro... I vostri bambini vivranno esperienze umane molto più appaganti del freddo accumulo di oggetti high-tech.

Educate i vostri bambini ad apprezzare sempre il valore di un dono e a dargli l'attenzione che merita. Aiutateli a capire che ogni regalo, ancor più se costoso, è stato acquistato con il denaro di un salvadanaio pazientemente riempito nel corso dei mesi, con risparmi su altre spese, con il sacrificio.

Anche il "fai-da-te" va bene!

Ringraziate i vostri bambini e complimentatevi con loro per i regali che vi prepareranno di loro iniziativa, con i materiali che hanno a disposizione in casa. Fate sentire loro la vostra gratitudine per il loro impegno quando confezionano per voi un paziente lavoretto fai-da-te, allestiscono uno spettacolo teatrale improvvisato o vi cantano una canzone inventata in segreto per un compleanno.
Insomma, stimolate la loro creatività e mostrate loro come, con delle piccole e semplici cose, si possono condividere tante emozioni!

REGOLA N. 10

Liberate i bambini dalla schiavitù degli oggetti di marca.
Permettete loro di usare i nuovi strumenti di comunicazione tecnologica in sicurezza, sotto la vostra supervisione.
Ma, soprattutto, stimolate la loro creatività!

No, ora non è il momento

Non dobbiamo per forza raccontare al bambino una storia tutte le sere o giocare con lui dopo ogni pasto. Se siamo stanchi abbiamo tutto il diritto di porre un limite e di dire: «No, non ora, sono stanco». Il bambino imparerà a prendere consapevolezza dei bisogni e dei sentimenti altrui.

I GENITORI HANNO DEI LIMITI!

Paul, 8 anni, chiede a sua madre Cathy, di giocare a scacchi. Quella sera Cathy è sfinita, ha avuto problemi al lavoro e il suo compagno non è a casa, quindi risponde: «No, sono sfinita!». Paul si lamenta: «Sei sempre stanca, non vuoi mai giocare con me!». Cathy esplode: «Non mettertici anche tu!». Davanti all'espressione addolorata di Paul, si riprende: «Scusami, sono molto stanca stasera. Capisco che tu sia deluso. Se vuoi facciamo una partita domani, dopo pranzo. Per stasera puoi fare un altro gioco o inventare una storia con tua sorella?».

Il limite è fissato. Il desiderio di Paul di giocare con la mamma è riconosciuto ed è stato concordato un altro appuntamento, non resta che mantenere la promessa. Paul dovrà imparare a esprimere la sua delusione e a non ingigantire il problema, senza accusare sua madre.

REGOLA N. 11

Concedetevi il diritto di esistere, abbiate il coraggio di fare aspettare vostro figlio e insegnategli a trattare con gli altri.

Non fare questo, non fare quello

«Non toccare, ti sporchi!»: cercate di semplificarvi un po' la vita con vostro figlio ed è del tutto comprensibile. Ma se su di lui piovono proibizioni senza tregua, come potrà fare le esperienze utili per imparare?

Come aiutare vostro figlio a esprimersi senza sgridarlo?

Qualche piccola astuzia permetterà a vostro figlio di fare esperienze e di muoversi senza conseguenze troppo gravose per voi e con più responsabilità per lui!

Preparate la sua tenuta da combattimento

Non esitate, per esempio, a fargli indossare un abbigliamento adatto per saltare, travasare acqua, dipingere, giocare con la sabbia, toccare la terra... e dopo... insegnategli a riordinare e a lavarsi le mani.

Organizzate lo spazio per il gioco

A seconda delle possibilità che offre la vostra abitazione, potete provare a individuare almeno tre spazi che tengano conto dei vostri bisogni e di quelli dei vostri bambini:

- l'esterno, dove si può correre, saltare e gridare;
- un locale per i giochi, la mansarda, lo scantinato o l'ingresso dove si possa cantare, ballare o giocare, ma senza urlare o correre;
- infine una stanza in cui si ha riguardo per tutti e si parla a voce più bassa, soprattutto se la casa è piccola, mentre il fratello fa i compiti o la mamma è indaffarata dietro ai suoi conti.

Lasciateli esprimere... e fare delle scelte

Il vostro bambino piccolo scopre l'esistenza di una scala. Cerca di salirvi guardandovi con la coda dell'occhio. Cosa gli dite?
«No, fermati, puoi cadere, non c'è niente di più pericoloso di una scala!». Oppure: «Sì, puoi salire, vai, fai attenzione a come metti i piedi, non vorrei che ti facessi male».
Quando gli rispondete: «Puoi salire» gli inviate un segno di approvazione che significa: ne sei capace. È come se fosse un'autorizzazione: «Voglio che tu salga». Ma potete anche proporgli un aiuto: «Ti tengo ferma la scala, sali».
Potete permettere al più grande di andare a giocare in soffitta precisando: «Non dimenticare di metterti il vecchio maglione». Se non vi dà ascolto, potrete poi chiedergli, per esempio, di mettere la camicia che ha sporcato nella cesta delle cose da lavare o addirittura di lavarla e stenderla lui stesso.

REGOLA N. 12
Facilitate l'apprendimento e i giochi dei bambini senza costringerli a stare fermi e senza sfinirvi a servirli.

Non si mangia con le mani

L'educazione non è neutra, così come non sono neutri gli abiti, le abitudini, l'educazione, le consuetudini... La culla dei nostri bambini parla della nostra storia, della nostra cultura e dei nostri principi, che non necessariamente sono identici a quelli dei nostri vicini.

Perché non si mangia con le mani?

Se dite: «Non è igienico mangiare con le mani» comunicate la vostra preoccupazione per l'igiene. Spiegatelo ai bambini. Se invece dite: «Non sopporto le mani unte», parlate di un vostro fastidio personale, mentre quando dichiarate che «non si fa» evocate gli usi della vostra famiglia o della vostra cultura. Nel Camerun, per esempio, anche nei ristoranti di buon livello, si usa mangiare il pesce alla brace con le mani, prendendolo da un unico vassoio comune. Ci sono abitudini molto diverse da un luogo a un altro. Sta a voi scegliere che cosa volete trasmettere ai vostri figli, ma precisate che non mangiare con le mani non è una regola assoluta e universale.

REGOLA N. 13

«A casa nostra è così, non si mangia con le mani, ma altrove le cose possono funzionare diversamente».

TEST

Come reagite di fronte ai conflitti?

Come reagite di fronte ai conflitti che incontrate nella vita di tutti i giorni? Vi adattate o vi opponete? Vi fate da parte? Proponete un accordo? Non esistono, a priori, buoni o cattivi comportamenti, dipende tutto dalla situazione.
Ecco qualche spunto per evitare di sentirvi costantemente combattuti o esitanti.

Rispondete alle domande seguenti scrivendo la lettera che meglio corrisponde alla vostra situazione.

A Mi oppongo concretamente
B Arrivo a negoziare e cooperiamo
C Preferisco farmi da parte, non guardo o me ne vado
D Mi adatto, accetto, sorvolo

1 Mio figlio di 11 anni rifiuta di mettere le scarpe che gli ho appena comprato.
La mia reazione: ....

2 Zoe e il suo amico di 11 anni sono saliti sul tetto di un capannone abbandonato per divertirsi a fare dei salti.
La mia reazione: ....

3. Mio figlio di 10 anni mette il suo orsacchiotto in valigia prima di partire per il campeggio.
La mia reazione: ....

4. La mia bambina di 4 anni non vuole andare a dormire.
La mia reazione: ....

5. Mio figlio di 9 anni rifiuta di mettere in ordine la sua cameretta.
La mia reazione: ....

6. Mia figlia di 2 anni rifiuta di finire le sue verdure.
La mia reazione: ....

7. Mio figlio di 7 anni dice volgarità.
La mia reazione: ....

8. Mio figlio di 8 anni vuole restare in camera sua in un pomeriggio di festa, invece di approfittare del sole e uscire.
La mia reazione: ....

9. Tornando a casa da scuola, Manon, di 10 anni, ha picchiato un compagno che l'ha insultata pesantemente.
La mia reazione: ....

10. Mio figlio di 6 anni ha rovesciato la sua tazza di latte e si rifiuta di pulire.
La mia reazione: ....

11. Stasera, Léa, 10 anni, vuole guardare una trasmissione televisiva fino a tardi, anche se domani deve andare a scuola.
La mia reazione: ....

12. Mio figlio di 12 anni si lamenta di non avere una paghetta alta come quella dei compagni.
La mia reazione: ....

Qualche spunto di riflessione

A Sono contrario, dico no

Il rifiuto netto qualche volta è utile e non esclude il rispetto. A volte è inevitabile il contenimento fisico, per esempio se una bambina di 3 anni corre per attraversare da sola la strada pericolosa, glielo impediamo bloccandola anche contro la sua volontà. L'importante è accompagnare i nostri gesti con parole empatiche e, se occorre, con una picccola spiegazione, per esempio: «Se attraversi la strada di corsa senza guardare puoi farti molto male».

Se rifiutate sistematicamente o quasi

Quali spazi lasciate ai vostri figli affinché possano esprimere una certa autonomia? Attenzione, una relazione di contrapposizione frontale rischia di generare un clima di ostilità. Sarebbe meglio arrivare subito a capirvi e discutere serenamente tra voi familiari.

B Preferisco negoziare, noi collaboriamo

Negoziare significa trovare insieme una soluzione accettabile. È una buona scelta.

Se negoziate su tutto o quasi

La negoziazione non è quasi mai possibile nelle situazioni di emergenza perché presuppone di ascoltare, di ipotizzare soluzioni e selezionare quelle percorribili; inoltre implica che il bambino sia in grado di sostenere questa negoziazione. È l'adulto responsabile del minore a decidere che cosa si può negoziare o meno. Accertatevi comunque che la negoziazione sia davvero necessaria e se rischiate di imbrogliarvi, allora decidete da soli.

C Mi faccio da parte

Ritirarsi può essere una buona tattica per poter avere il tempo di analizzare il problema, recuperare energie o chiedere aiuto. È accettabile scegliere di ignorare un fatto non grave per concentrarsi sulle priorità.

Se lasciate troppo potere al vostro bambino

Un genitore è perennemente in servizio, ma per rilassarsi un po' può chiedere la collaborazione del partner o di una persona fidata.

D Accetto, va bene così

Date la precedenza alla libertà e ai desideri di vostro figlio. Forse avete percepito che in quel momento ne aveva bisogno o lo fate per avere un po' di tranquillità. È una cosa legittima, soprattutto di fronte a richieste di poco conto (senza capacità di adattamento, la vita sociale sarebbe infernale). Diversamente dalla situazione C, in questo caso il bambino capisce che l'avete visto e deciso di lasciarlo fare.

Se assecondate spesso i desideri di vostro figlio

Assicuratevi che non si metta in pericolo. Se acconsentite per facilitare la vostra relazione con lui o perché non avete la forza di opporvi, chiedetevi fino a che punto potete vivere questa situazione senza soffrire troppo, e per quanto accetterete tutto ciò che succede. Forse avete bisogno di aiuto per affermare la vostra autorevolezza?

REGOLA N. 14

Non esiste una buona o una cattiva condotta di fronte a un conflitto. C'è semplicemente una scelta più o meno adatta al problema e alla sua gravità, alla natura della relazione e all'energia che avete in quel momento. Quella scelta presenta vantaggi e inconvenienti che dovete ben ponderare.

CAPITOLO 3

L'arte e la maniera di porre dei limiti

Possiamo porre dei limiti e prendere posizioni chiare con i nostri bambini in modo affettuoso, autentico e sincero. Ogni genitore ha il compito di incoraggiare il proprio figlio, aiutarlo e, talvolta, indirizzarlo. Tuttavia, in un momento di crisi, di conflitto e di confusione, può capitare di trovarsi a urlare un sonoro «Basta!», lasciando di stucco il bambino. Quest'ordine, impartito con decisione da un genitore, provoca un'interruzione brusca e può fare abbassare la tensione a patto, naturalmente, che non ci si lasci trasportare dalla rabbia, con la quale non risolveremmo alcun problema. Sappiamo bene che alzare continuamete la voce stanca tutti ed è completamente inutile.

Quando discussioni e proteste non bastano più, dobbiamo passare alle punizioni? Si è creduto a lungo che la punizione fosse l'unico modo di sanzionare un bambino, ma esistono altri comportamenti di gran lunga più efficaci.

Costringere o obbligare: questione di sfumature!

Alcuni bambini soffrono l'incapacità dei genitori di assumere il proprio ruolo di guida, ma cosa c'è alla base di questa difficoltà di alcuni adulti? Forse questi genitori a loro volta non hanno avuto genitori solidi e presenti? Oppure una particolare situazione di insicurezza li ha resi molto fragili?
D'altra parte la situazione opposta, in cui i genitori adottano un comportamento prevaricante che non lascia ai propri bambini degli spazi liberi per pensare, scegliere o agire, compromette, nella loro crescita, la capacità di diventare autonomi.

I limiti della costrizione

È molto probabile che un genitore, trovandosi di fronte a suo figlio in preda a un accesso di rabbia, provi a contenerlo in qualche modo per impedirgli che possa farsi male e per non abbandonarlo a se stesso. Allo stesso modo, a un figlio troppo goloso toglierà dalla sua portata i cibi più nocivi che altrimenti sgranocchierebbe in qualsiasi momento della giornata perché la sua salute non ne soffra. Questi sono esempi di privazioni o costrizioni che a volte si rendono necessari e, per quanto subiti dal bambino, possono da lui essere compresi e accettati meglio se vengono accompagnati da qualche parola che ne spieghi la motivazione.

Domandiamoci invece perché trascinare via con la forza dal divano un bambino che è rimasto davanti alla televisione più del previsto? Perché insistere se un bambino non vuole più mangiare?
Anche in questi casi il bambino non ha possibilità di scelta, ma, a meno che non vi sia un pericolo concreto e immediato, forzarlo in questo modo significa prevaricarlo senza che vi sia una vera ragione. La conseguenza della costrizione fisica fine a se stessa è la sottomissione.

Obbedienza o sottomissione?

Può capitare che in alcuni manuali sull'educazione, la nozione di obbedienza sia erroneamente confusa con quella di sottomissione.

- *Obbligare* non significa costringere con la forza, ma dichiarare che il modo in cui ci comportiamo, rispettoso o meno che sia, ha delle conseguenze. Per esempio: «Se tu non rispetti le regole del gioco, non puoi più giocare». Ci aspettiamo che la risposta a un obbligo sia l'obbedienza, ma tuttavia possiamo trovarci di fronte alla disobbedienza o, addirittura, a una sorta di obiezione di coscienza.
- *Obbedire* non è sottomettersi senza riflettere: al contrario è ascoltare, tenere conto della consegna e riflettere — almeno qualche istante — prima di reagire.

Questione di toni

Immaginiamo che una madre dica al proprio figlio di 7 anni: «Se non sei pronto in cinque minuti, andremo alla mediateca senza di te perché tra poco chiude».

- *Il tono e la postura di questa madre possono esprimere una minaccia e indurre il bambino alla sottomissione, dovuta al timore di fare arrabbiare i genitori o di ricevere punizioni.*
- *Questa stessa domanda può essere pronunciata con calma, in questo caso si trasforma in un invito ed esorta il bambino a un'obbedienza intelligente, consapevole.*

Formulate chiaramente la vostra richiesta e poi, se non c'è un'estrema urgenza, lasciate a vostro figlio il tempo per comprendere il messaggio, considerare le conseguenze e scegliere se obbedire o meno. È solo appropriandosi dei limiti posti dall'esterno, che un bambino saprà comportarsi in modo ragionevole e diventerà responsabile del modo in cui esercita la propria libertà.

REGOLA N. 15

A mano a mano che il bambino cresce, l'imposizione dall'alto deve lasciare il passo alla riflessione, affinché il bambino impari piano piano a fare scelte consapevoli.

Urlare serve a qualcosa?

Chi non ha mai alzato la voce con i propri figli?

Sappiamo bene che alzare la voce in continuazione alimenta la nostra collera e innervosisce i bambini: è del tutto inutile.

UNA GIOVANE MADRE SFINITA E SCOMBUSSOLATA

Una mamma è seduta in un parco giochi. Sta cercando di mandare messaggi con il telefono ma viene continuamente disturbata da uno o l'altro dei suoi figli che litigano vicino a lei. La donna urla a uno di loro: «Hai visto come sono conciati i tuoi pantaloni? Non sei tu che poi fai il bucato!». Poi minaccia l'altro per farlo stare seduto: «Se continuate, ce ne andiamo senza che abbiate fatto merenda... smettila di infastidire tuo fratello! Vuoi uno schiaffo?». I due bambini prendono la loro merenda da una borsa e scappano ridacchiando. Sembrano abituati a questo tipo di situazione e continuano a litigare. All'ora del bus, la mamma, sfinita, raduna i figli e torna a casa sconsolata...

È abbastanza evidente che questa madre non riesce a usare le giuste strategie, non pone le giuste premesse e finisce per sgolarsi senza mai mettere in atto le sue minacce. È una mamma che agisce d'impulso e senza riflettere.

Non negatevi la possibilità di alzare la voce!

La rabbia può dare la sensazione di avere più energia per protestare con vigore di fronte a comportamenti che disapproviamo.
Immaginiamo, durante un momento di crisi, che un genitore di solito padrone di sé, urli: «Basta!», battendo con forza un pugno sul tavolo. Quel genitore, di solito capace di autocontrollo, con quel gesto brusco e improvviso provocherà una reazione di stupore e probabilmente riuscirà a interrompere lo stato di agitazione che si era creato intorno a lui. Ma deve ritornare la calma, quindi è importante che questo genitore si riprenda e che, con voce bassa, calma e determinata, dica qualcosa che riporti tutti alla normalità, per esempio: «Ora ci calmiamo. Dobbiamo preparare la cena».
Il genitore, in questi casi, può anche proporre ai figli delle attività pratiche per stemperare il clima e ritrovare la giusta serenità: «Carolina, aiutami a sbucciare i fagioli e tu, Pierre, li sciacquerai. Silenzio ora, dobbiamo sbrigarci, discuteremo quando sarà tutto pronto».
L'emozione verrà in parte canalizzata in quest'attività fisica e i bambini saranno rassicurati da questo adulto capace di arrabbiarsi, ma anche di calmare le acque e riprendere il controllo della situazione.

Come evitare lo stress e i conflitti?

Pensate a ciò che dipende da voi e che potrebbe cambiare: avete la possibilità di rilassarvi un po' dopo il lavoro, prendervi una pausa prima dell'arrivo dei bambini, anche loro stanchi della loro giornata? Avete pensato di fare qualche esercizio di rilassamento durante il viaggio di ritorno, di ascoltare un brano musicale in macchina o di cantare a gran voce? E se faceste una camminata di cinque o dieci minuti respirando a pieni polmoni?

Anche i vostri figli hanno bisogno di una pausa di decompressione dopo la loro giornata a scuola, come per esempio giocare all'aperto e correre prima di rientrare per mangiare, fare la doccia e ripassare la lezione. Non dimenticate di parlare con loro di come state, non fate mistero della vostra stanchezza e della vostra soglia di tolleranza, affinché comprendano meglio le vostre esigenze, se non addirittura la vostra ansia.

REGOLA N. 16

Individuate le situazioni che riescono a farvi uscire dai gangheri. Non aspettate che esploda la rabbia per tenere conto dei vostri bisogni, fate le vostre richieste ed esprimete le vostre esigenze.

Le parole che confondono

Smettila di essere gentile, se non sei autentico[1]

Quando un genitore dice al proprio figlio: «Per favore, metti a posto la tua camera», la maggior parte delle volte il bambino sa che è una richiesta alla quale non si può dire di no e che, di fatto, dovrà obbedire... anche se non gli piace farlo.

Ma il modo in cui diciamo le cose talvolta genera malintesi, come la domanda di questa madre che desidererebbe tanto che i propri figli partecipassero alla preparazione dei pasti: «Ci sarebbe bisogno ogni tanto di volontari per apparecchiare e sparecchiare». A chi ci si rivolge con una formula così impersonale? Chi sono i volontari potenziali a cui il messaggio è rivolto? Sono tenuti a indovinare che si sta rivolgendo loro una richiesta precisa?

Quest'altra formula sarebbe decisamente più efficace: «Camilla e Stéphane, questa settimana vi chiedo di sparecchiare e apparecchiare almeno due o tre volte per uno. Ditemi quali sono i giorni che preferite». Il fatto di chiamare per nome le persone a cui ci si rivolge e di formulare domande chiare obbliga ognuna di loro ad assumersi le proprie responsabilità.

[1] Titolo dell'edizione italiana di un saggio dello psicoterapeuta Thomas d'Ansembourg (Ed. de l'Homme, 2012; ed. it. Edizioni Paoline 2016).

Evitate le parole vaghe

Le parole "spesso", "a volte", "a lungo", "molto" sono piuttosto vaghe. Se dite a vostro figlio: «Mi hanno detto che chiacchieri molto a scuola», gli date la possibilità di contraddirvi. In effetti, *molto* rimanda a un'interpretazione soggettiva e il bambino può pensare che sia *soltanto un po'* o *non tanto*.
Descrivete invece fatti inconfutabili e date delle spiegazioni: «Il tuo insegnante di matematica mi ha detto che hai chiacchierato con il tuo compagno molte volte durante le lezioni di questa settimana e che la cosa ha causato disturbo alla classe. Pensa che queste chiacchiere danneggino il vostro lavoro».

Evitate di esagerare

Quando il genitore drammatizza un fatto, provoca nel bambino un senso di colpa che poi cercherà di evitare o ribellandosi o banalizzando l'accaduto. Se il genitore dice: «Hai preso 3 in geografia, non ci credo, è un disastro, che tristezza!», il bambino potrebbe assegnare al genitore un coefficiente correttivo: «Esagera sempre!».
Certo, l'esagerazione funziona meglio in senso positivo: «Hai preso 7 in storia! Sono felicissima, figlio mio, sei davvero un genio!». Ma in questo caso il bambino potrebbe pensare: «Esagera, ingigantisce le cose, sarà sincero?».
Un genitore riuscirà a fare capire ciò che prova al figlio adottando un tono naturale e autentico: «Sono davvero contento che tu abbia fatto bene». Oppure «Un 3, non me l'aspettavo, cos'è successo?».

REGOLA N. 17
Date messaggi chiari ai vostri figli, con semplicità e sincerità.

Le frasi aggressive

Non formulate le vostre richieste in maniera troppo secca: vostro figlio, se aggredito, rischia di ribellarsi o di tacere e covare rancore. La comunicazione non violenta dà possibilità che permettono di evitare errori.

- **Evitate commenti moralistici:** «Una ragazzina educata non urla». Basta avere già ascoltato frasi di questo tipo per valutarne l'effetto.
- **Evitate etichette e generalizzazioni:** «Sei bugiardo. Cerchi sempre di imbrogliare. Sei stupido!». Queste affermazioni riducono il bambino all'azione che ha commesso. Nessuno vuole essere ridotto al comportamento di un giorno. «Voi giovani non siete mai contenti!», «I genitori sono tutti rinunciatari», «Gli insegnanti sono sempre in vacanza». A chi piace subire i cliché rifilati alle proprie categorie di appartenenza?
- **Evitate le accuse insidiose**: «Non mi stupirei se fosse stato di nuovo lui». Nessuno ama essere ritenuto colpevole. Questo genere di affermazione nutre i pettegolezzi.
- **Evitate i giudizi sulle intenzioni**: «Cerchi di farti notare». Tenete piuttosto in considerazione il bisogno vitale di considerazione che può avere un bambino (o un adulto) parlandogli diversamente. «Ti va di suonare quel brano di musica che hai ripassato?».
- **Evitate il ricatto emotivo**: quando un genitore minaccia il figlio di non volergli più bene, lo turba enormemente.

NON TI VOGLIO PIÙ BENE

Sul bus un padre arrabbiato dice al suo bimbo che non sta un attimo fermo: «Smettila, non ti voglio più bene!». Qualche minuto dopo il padre intenerito, cerca di fermare il pianto del figlio con una caramella e un abbraccio. «Ma sì, ti voglio bene, lo sai benissimo!».

Che cosa penserà questo bambino? Ciò che diceva suo padre un attimo prima era falso, una bugia? Il padre avrebbe potuto dirgli: «Mi infastidisce che tu ti muova in continuazione. Anche tu devi essere stanco. Ancora dieci minuti e poi scendiamo dal bus. Cerca di avere pazienza. Hai visto le chiatte laggiù, sul fiume? Vuoi venire in braccio?».

Marine, una bambina di 7 anni, parlava con il nonno di un giorno in cui era stata punita dai genitori: «I miei genitori non amano le sciocchezze che faccio, ma mi vogliono sempre bene». Marina aveva capito tutto e si sentiva rassicurata.

Non imponete a vostro figlio la vostra interpretazione

Un processo alle intenzioni è spesso ingiusto e sempre doloroso, come nel seguente caso: «Sembra che tu lo faccia apposta ad arrivare in ritardo!». In realtà il bambino può avere semplicemente delle difficoltà a organizzarsi.

Altro esempio: un genitore sgrida il figlio per una lite col compagno di classe. «Lo hai fatto per vendicarti!» sostiene. Ma è davvero andata così? Se il genitore dà la propria interpretazione dei fatti, deve porla con delicatezza, sotto forma di domanda, per aiutare il bambino a chiarire le sue reali intenzioni: «Lo hai fatto perché ti aveva trattato male ed eri arrabbiato? O è per un'altra ragione?». Il bambino in questo caso può riflettere, rettificare, precisare.

Non pensate al posto di vostro figlio

Date ascolto ai sentimenti di vostro figlio. È lui che sa cosa pensa, cosa lo inquieta, lo diverte o non gli piace. Se si sente preso in considerazione sarà più disponibile ad ascoltare il vostro punto di vista di adulto.

«QUESTO TI PIACERÀ, NE SONO SICURO»

Matthieu, il padre di Nathan, 10 anni, deve assentarsi per la serata e il bambino dovrà restare solo. Suo padre cerca di spiegargli i vantaggi della situazione, dicendogli: «Credo che ti farà piacere startene un po' tranquillo stasera!». Ma non è così. Nathan in realtà è deluso e teme molto la serata che lo aspetta.

Se quell'uscita era già fissata precedentemente, il padre avrebbe potuto informarlo fin da subito e manifestare diversamente la sua attenzione: «Temo che tu non sia contento, di cosa avresti bisogno per stare bene quando io sarò fuori?». Una proposta concreta e simpatica sarebbe stata senza dubbio un ottimo modo per attenuare la delusione del figlio: «Sabato prossimo potremmo andare insieme a pattinare, che ne dici?».

REGOLA N. 18

Una frase sbagliata e ingiusta provoca una reazione di difesa o di vendetta. Una formula chiara, ferma e rispettosa suscita consenso o quantomeno il desiderio di capire.

Cosa pensare di schiaffi e sculacciate?

Quando un bambino commette una birbonata, la cosa peggiore è non reagire. Soprattutto perché molte di queste "malefatte" sono soltanto delle provocazioni, vale a dire tentativi di richiamare la vostra attenzione.
Se il genitore è assente, il bambino si sente perso... E cosa dovrebbe fare per avere un segno di riconoscimento? Commettere qualcosa di più grande? Se il bambino ha disobbedito, vi ha mancato di rispetto. E la risposta del genitore deve essere un atto concreto, ma rispettoso.

Perché i genitori ricorrono agli schiaffi?

Ci sono schiaffi che "partono da soli" perché i genitori sono esasperati. Spesso questi genitori si pentono del loro gesto, sanno che è un errore che peggiora il problema invece di risolverlo. Bisogna lavorare sulle cause di queste reazioni, come la stanchezza e la cattiva gestione della rabbia. Se ha sbagliato, è giusto che il genitore chieda scusa.

Bisogna dirgli «basta!»

Certo, bisogna saper dire «Basta!» a nostro figlio, ma ci sono numerosi altri modi per impedire che faccia del male agli altri e a se stesso o che trasgredisca alle regole.

Un rifiuto pacato e fermo può essere un buon modo, se sin dall'inizio si è presa l'abitudine di non cedere con il piccolo. In via eccezionale, l'abbiamo visto, il genitore potrà sfruttare l'effetto sorpresa alzando la voce, ma solo per un attimo; oppure interrompere quello che stavano facendo insieme. Potrà anche spostare fisicamente il piccolino prendendolo tra le braccia con cautela e parlandogli.
Queste diversi modi di affrontare la situazione vanno tarati al contesto, a seconda dell'urgenza, della gravità dell'accaduto, dell'età del bambino, delle abitudini familiari e così via. Nelle prossime pagine affronteremo il problema del castigo.

Esempio
«Gli ho detto cento volte di non picchiare suo fratello. Non vuole ascoltare. Magari glielo farò capire con uno schiaffo!».
Ma che cosa capirà il bambino? Che essere picchiati fa male? Che un genitore ha il diritto di farlo? Che è consentito picchiare quando si è più grandi e più forti? Che è meglio infastidire il fratello quando i genitori non ci sono?

Castigare o punire?

Un castigo può essere percepito dal bambino come qualcosa che lo affligge molto o come qualcosa di poco conto, ma quel che è davvero importante è che sia vissuto come la logica conseguenza dell'errore che ha commesso e non come una semplice vendetta dell'adulto.
Il castigo dev'essere un gesto che riafferma la regola ed evita che l'errore venga ripetuto. La cosa più efficace, quindi, è trovare una forma di castigo che dia al bambino il senso delle regole e i buoni motivi per rispettarle.

Le regole esistono per proteggerci

Se un bambino che infastidisce gli altri viene castigato in maniera intelligente, si sentirà in realtà rassicurato nel comprendere che le regole esistono e che sono garantite per tutti, soprattutto per proteggerlo quando sarà lui a trovarsi in una posizione di debolezza.

Una punizione può essere un castigo scelto intenzionalmente dall'adulto perché risulti molto fastidioso per il bambino. Secondo questa logica, dovrebbe provocare un disagio significativo, tale da fare da deterrrente e scoraggiare ulteriori tentativi da parte del bambino. Le piccole punizioni, pertanto, non sarebbero persuasive.
Schiaffi, sculacciate e altre punizioni molto spiacevoli nascono dalla convinzione che il bambino debba essere "raddrizzato". Talvolta possono sembrare efficaci in termini di risultati immediati e apparenti, ma attenzione, il bambino resterà sottomesso fintanto che si sentirà in una posizione di debolezza. Se non ha integrato bene il senso della regola, potrebbe essere tentato di dissimulare e poi di vendicarsi. E, quando "il gatto non c'è", potrebbe avere la tentazione di fare qualunque cosa.

No alle punizioni corporali

Può succedere che il peso della punizione o l'umiliazione subita, finiscano per affollare la mente del bambino, così come potrebbero prendere piede in lui sentimenti di rancore o la convinzione di non essere amato. Mentre sconta la punizione, il bambino ha tutto il tempo di covare risentimento invece di riflettere, assumersi la responsabilità delle proprie azioni e cercare di porre rimedio alle relazioni compromesse.

Un tempo si pensava che fosse normale punire gli schiavi o le donne. Abbiamo fatto molti progressi per superare questo sato di cose, ma non dappertutto. Anche i bambini sono persone!

La punizione corporale è vietata in 52 Paesi del mondo. In Italia, pur non essendoci una legislazione specifica, esiste comunque una sentenza della Corte Costituzionale del 1996 in cui si afferma che le punizioni corporali nei confronti dei bambini non sono più giustificate come metodo educativo.

Al di là della singola sculacciata o dello schiaffo, la questione riguarda più ampiamente l'uso della violenza in campo educativo. Non si tratta solo di evitare le botte, ma di offrire al bambino una vera e propria autorità non violenta.

Un castigo può avere senso se il bambino è in grado di fare un collegamento con ciò che ha fatto e di riflettere da solo su altri comportamenti possibili. Ci sono metodi molto più efficaci e meno umilianti degli schiaffi per aiutarlo a maturare. Non basta semplicemente spiegare, dire e ripetere continuamente "no". I genitori dovrebbero passare ad azioni concrete come chiedere al bambino di riparare i danni che ha causato, proporgli di riflettere su ciò che è accaduto e sulle regole che sono state infrante, metterlo in condizione di interrogarsi sulle sue intenzioni e spingerlo a cercare modi migliori per esprimere e risolvere i suoi problemi personali.

REGOLA N. 19

Di fronte alle marachelle del bambino, la cosa peggiore è lasciarlo del tutto libero di agire. Per aiutarlo a capire ci sono parole e provvedimenti molto più efficaci e coerenti delle sculacciate o degli schiaffi.

Castigare senza punire[1]

Per illustrare come può essere un "castigo educativo" e prima di esporre esempi tratti dal contesto familiare, iniziamo con la storia di due bambini, Adrien e Belkacem, in un centro estivo.
Un giorno Adrien insulta Belkacem.

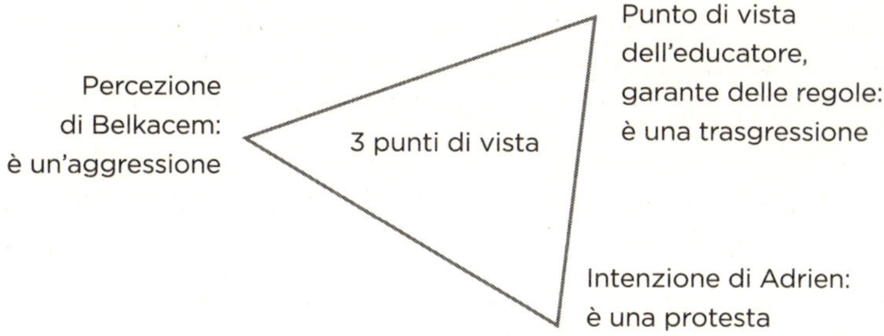

- Dal punto di vista di Belkacem si tratta chiaramente di un'aggressione.
- Dal punto di vista dell'educatore lì presente, Adrien infrange una regola ripetuta cento volte.
- Adrien non ha il tempo di riflettere. Gli insulti che ha proferito sono per lui un modo per risolvere un problema... Per rispondere a un precedente insulto di Belkacem? Per difendersi? Per protestare di fronte a qualcosa che ritiene ingiusto? La sua reazione non è giustificabile, ma sarebbe utile cercare di comprendere il suo gesto per evitare una recidiva.

[1] È il titolo di una pubblicazione di Elisabeth Maheu, ed. Chronique sociale, 2015, 6ª ed.

Naturalmente, la cosa peggiore sarebbe che l'educatore non intervenisse, lasciando Belkacem a subire gli insulti e Adrien in preda al suo potere e alla sua rabbia.Adrien ha provato a dire qualcosa, ma si è espresso in modo scortese e irrispettoso. È stato maleducato. L'adulto è quindi chiamato a rispondere, ma dovrà farlo in modo educato e civile, per dare l'esempio.
Castigare significa chiedere a colui che ha aggredito di assumersi le proprie responsabilità. Esistono tre diversi tipi di responsabilità.

Prima responsabilità: un danno da riparare

Che sia accaduto a casa, a scuola o al centro estivo, è solo rimediando ai danni che hanno causato che i bambini, sin dalla più tenera età, imparano davvero cosa sia la responsabilità civile e come dovranno esercitarla quando saranno grandi: chi causa danni a terzi, in maniera volontaria o meno, ha l'obbligo di rimediare.
Rimediare non è un lavoro arbitrario, si tratta di fatto di raccogliere i pezzi del bicchiere che è stato rotto, ripulire il marciapiede che è stato sporcato, ricucire il peluche che è stato strappato, fare un favore a qualcuno per ricompensarlo del tempo che gli abbiamo fatto perdere. Perché, ovviamente, al di là della riparazione dell'oggetto o del danno, l'obiettivo principale è riuscire a riparare la relazione.
Riprendiamo l'esempio degli insulti di Adrien. Qui il danno causato a Belkacem è soprattutto di tipo morale. Scusarsi fungerà da atto riparatorio. Adrien avrà fatto la sua parte. Ma la possibilità di una vera conciliazione coinvolgerà entrambi: Belkacem dovrà accettare le scuse e tutti e due dovranno essere sinceramente pronti a riprendere a giocare insieme. Questo processo richiederà un po' di tempo e forse l'aiuto di un mediatore.

Insegnare a un bambino ad assumersi le proprie responsabilità
Gli permette di liberarsi dai sensi di colpa. Avrà bisogno di lavorare su se stesso, perché la violenza danneggia sempre chi la commette.

Seconda responsabilità: una regola da tenere in considerazione

In relazione al comportamento che ci si aspetta di incontrare, l'insulto è un errore da sanzionare. Forse Adrien potrebbe essere momentaneamente allontanato dall'attività di gruppo? L'educatore potrebbe per esempio chiedergli di aggiornare il regolamento interno in cui sono elencati i comportamenti raccomandati quando si fa parte di un gruppo. Potrebbe essere, per tutti, un modo per rispolverare le regole e per Adrien per farle davvero proprie.
Ogni volta che i bambini sono interrogati sulla regola che hanno infranto, e di cui ora comprendono il significato, imparano la responsabilità che hanno nei confronti del gruppo, di ogni singolo membro e delle regole che possono aiutare a vivere meglio insieme. Da un punto di vista sociale e legale, si parla di responsabilità penale e di Codice penale. Non si deve necessariamente aspettare la maggiore età: penalmente i minori sono responsabili delle loro azioni in maniera proporzionale alla loro capacità di discernimento.

Terza responsabilità: un problema da gestire

Quest'insulto però è anche un messaggio da decodificare. Nel caso di cui stiamo parlando, l'educatore ha giustamente chiesto a Adrien cosa fosse successo quando ha offeso Belkacem.

- «Mi ha trattato male perché ho sporcato la sua sedia. Non l'ho fatto apposta, stavo infilando una stringa nella scarpa!»
- «E tu per risposta l'hai insultato? L'insulto ha forse pulito la sedia?»
- «Da quando è arrivato al centro estivo, non fa che stuzzicarmi!»
- «Ah, davvero? Spiegati...»

Un po' alla volta si scopre una forte ostilità tra i due bambini, legata alle loro famiglie e ai loro quartieri, che nel tempo si è inasprita sempre più. Certi problemi sono davvero complessi, ma l'educatore può aiutare i due a trovare qualcosa da fare insieme, per lo meno quando sono al centro estivo: uno sport? Della musica? Un'uscita insieme?

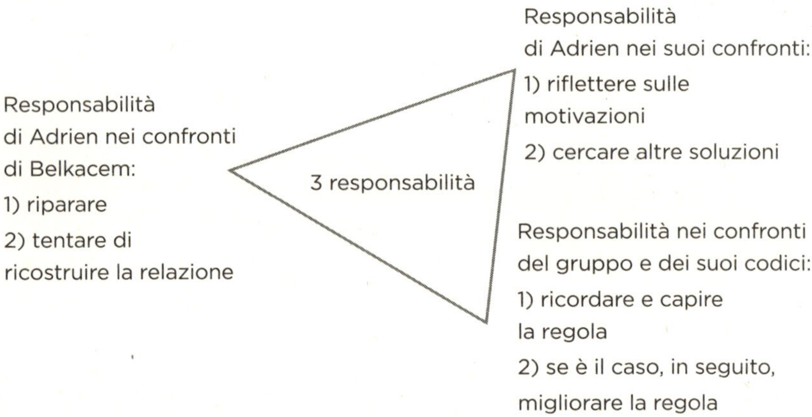

Messi in condizione di riflettere sulle loro motivazioni, i bambini imparano a diventare responsabili di loro stessi. Sono invitati a cercare modi più accettabili per affrontare i loro problemi. Se Adrien fosse stato semplicemente punito, allontanato dal mini football o escluso dal gruppo senza discussione, il problema tra le famiglie sarebbe forse stato risolto? Adrien probabilmente avrebbe sommato quella punizione a tutte le ingiustizie già subite: «A causa sua ci rimetto sempre io!». Non si sarebbe nemmeno interrogato sull'insulto di cui si era reso responsabile.

Il castigo educativo in famiglia

Romeo, 2 anni, ha distrutto il castello di sabbia che Sophie aveva costruito

Difficile sapere se, alla sua età, Romeo l'abbia fatto apposta o meno, ma gli proporrete di ricostruire il castello e, naturalmente, lo aiuterete a farlo.

Marcello, 5 anni, butta all'aria la pila di biancheria che avete appena piegato

Marcello non l'ha fatto apposta. Non c'è bisogno di sgridarlo, ma tocca comunque a lui ripiegare maglie e maglioni, sebbene non sia ancora esperto in materia. Imparerà un po' alla volta a capire le conseguenze delle sue azioni e a fare più attenzione. E, al tempo stesso, imparerà a piegare le maglie, cosa che potrà tornargli utile anche in futuro.

Vostro figlio tira un calcio a sua sorella

All'inizio sarà bene separare i due bambini, ricordare a vostro figlio la regola sui litigi e dirgli di andare a calmarsi in camera sua: «Picchiare è vietato. Quando sarai più calmo troveremo un altro modo per dirle che sei arrabbiato e cercheremo di spiegarle il perché». Considerate che anche la sorella potrebbe essere stata coinvolta in questa escalation di violenza. In seguito potrete suggerire al bambino di proporre qualcosa di carino alla sorella per scusarsi. Ma non intervenite più di tanto, la cosa potrebbe essere già stata risolta tra loro due.

È misteriosamente sparita una tavoletta di cioccolato dalla dispensa

Speravate proprio di poterla utilizzare per preparare un dolce. Non sapete quale dei vostri figli sia responsabile di quel furtarello. Potete prima invitare chi ha preso il cioccolato ad assumersi la responsabilità del gesto: «Se quello o quella che ha sottratto il cioccolato lo confessasse, considererei ammirevole il suo coraggio. Io stessa non so se ne sarei capace. E sarei contenta per la fiducia recuperata!».

E se la tavoletta di cioccolato non venisse fuori? Non c'è più cioccolato, quindi nemmeno più dolce al cioccolato, è logico.

Eh sì, nella vita capita che l'insensatezza di qualcuno abbia conseguenze spiacevoli per tutti gli altri.

Vostro figlio fa i compiti ascoltando la musica con le cuffie

Evitate di sfilargli via le cuffiette quando vi rivolgete a lui. Avete fissato una regola su questo argomento? Se sì, potrete confiscargli l'oggetto, dicendogli che glielo restituirete dopo che avrà fatto i compiti. Ma potrete anche dirgli: «Se non vuoi ascoltarmi, va bene, non parlo più; se vorrai chiedermi aiuto dovrai togliere le cuffie. È la condizione per comunicare tra noi».

Il triangolo delle conseguenze

E se vi ispiraste alla soluzione messa a punto da un'educatrice di un istituto medico-educativo che chiamiamo "il triangolo delle conseguenze"?

Di che cosa si tratta? Se un bambino commette un errore abbastanza grave, deve rispondere obbligatoriamente alle tre domande seguenti, nell'ordine che preferisce.

- Che cosa ci eravamo detti sull'argomento?
- Chi ho infastidito e come posso rimediare?
- Che cosa mi è passato per la testa e che cosa avrei potuto fare, invece?

I più grandi sono obbligati a rispondere per iscritto, i più piccoli devono invece rispondere a voce o fare un disegno su di uno schema che rappresenta le punte di un triangolo con tre simboli: per esempio "la chiave inglese" per la riparazione, "il senso vietato" per il regolamento e "il punto interrogativo" per la ricerca di soluzioni migliori.

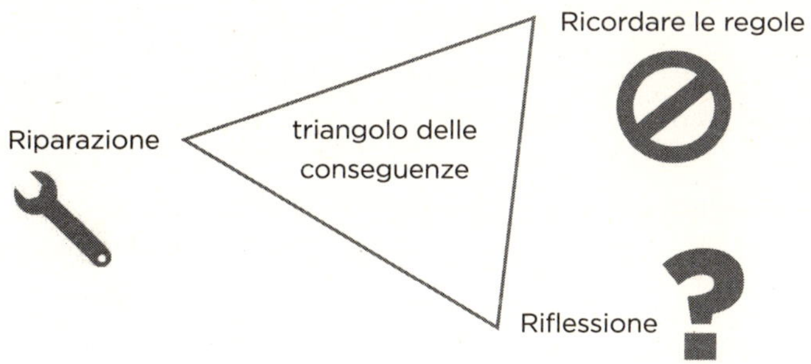

REGOLA N. 20
Quando un bambino sbaglia, la cosa peggiore da fare è non reagire! Chiedetegli di assumersi le proprie responsabilità: rimediare, riflettere sulla regola e sul suo significato, cercare soluzioni migliori ai propri problemi.

TEST

Sapete porre limiti con gentilezza?

Quando i bambini vivono le regole solo come limiti arbitrari o come costrizioni, è perché non ne hanno capito il significato... o forse perché queste regole non hanno più senso.

Quando dite di no al vostro bambino, spiegategli bene perché lo fate

In caso di conflitto, date a vostro figlio le informazioni necessarie per fargli comprendere la situazione e le ragioni per cui vi state opponendo a lui. In alcune circostanze, che ci piaccia o meno, alcune scelte sono obbligate. Potrebbe allora essere utile spiegargli, per esempio, che dovete cambiare i vostri piani perché sta iniziando a piovere... Presentategli anche tutte le possibilità che esistono in una determinata situazione: «Abbiamo tutto il giardino a disposizione, ma non la casa». Oppure: «Hai 10 euro per il tuo pomeriggio alla fiera, puoi decidere a quali stand andare».

Parlate liberamente delle vostre capacità e dei vostri limiti, per esempio: «Non riesco a concentrarmi con questo rumore», «Posso aiutarti in matematica, ma non in inglese». Se necessario, esprimete le vostre esigenze: «Per me un gioco ben sistemato vuole dire avere tutto il materiale in una scatola chiusa e riposta nell'armadio».

Se comunicate al bambino le vostre emozioni e i vostri bisogni, capirà meglio le vostre aspettative nei suoi confronti: «Sono deluso», o, al contrario, «Sono molto felice, apprezzo la calma»; «Sono ancora un po' arrabbiato»; «Ho bisogno di riposarmi; mi sentirei rassicurato da una tua telefonata» e via dicendo.

Riassumendo

- *Precisate sempre ciò che non accettate: un atteggiamento scortese, per esempio, o un'iniziativa pericolosa non autorizzata.*
- *Precisate anche ciò che accettate: una distrazione, una critica intelligente ed educata ecc.*
- *Non dimenticate di ringraziare vostro figlio per un complimento, un aiuto o per la critica giustificata e cortese che ha saputo esprimere.*

Come dire di no in modo positivo?

Possiamo dire di no in modo positivo utilizzando una formula corta e un verbo senza la negazione. Il nostro cervello, infatti, è fatto in modo tale che nel momento in cui percepisce una negazione, attiva immediatamente una reazione contraria. L'espressione: «Non sentirti in colpa» fa subito scattare il pensiero che ci sia un motivo per sentirsi colpevoli. E se dite: «Mi raccomando, non guardare dietro di te!» diventa davvero difficile resistere alla tentazione... Oppure: «Non fare questo, non fare quello!». E cosa faccio allora?! L'affermazione positiva propone invece un'alternativa: «Ecco cosa potresti fare...». D'altronde, il fatto di rispettare l'altro, oltre a evitare di nuocergli in alcun modo, si declina in azioni positive: salutarlo, chiamarlo per nome, lasciarlo parlare, preoccuparsi della sua sicurezza, rispettare le sue opinioni e la sua storia, il suo spazio privato e gli oggetti che gli appartengono.

Test: Come esprimete le vostre richieste e i vostri rifiuti?

Rispondete spontaneamente alle seguenti domande.

Quando vostro figlio mente, gli dite...

A Non dire bugie!

B Puoi dirmi cosa è successo?

C Razza di bugiardo, non ti crederò più!

D Sono stupita di quello che dici perché non è ciò che so io.

Siete in città con il vostro bambino, sul marciapiede aspettando di attraversare la strada...

A Non attraversare senza darmi la mano!

B Attraversa insieme a me.

C Attenzione, ti farai investire.

D Sai perché devi darmi la mano?

Vostro figlio maggiore ha strappato la sua maglia e vi chiede di aggiustarla...

A Ci occuperemo della tua maglia stasera.

B Non ho tempo ora di occuparmi della tua maglia.

C Non ho tempo. Avresti potuto stare più attento!

D Sai che ho un sacco di cose da fare. In questo momento per me è difficile. Non ho ancora compilato il modulo dell'assicurazione.

Durante una discussione animata scoppiata tra i vostri figli, reagite dicendo...

A Per favore, non interromperlo!

B Lascialo parlare, poi dirai la tua.

C Sara, taci!

D Ssshh, voglio sentire Paula sino alla fine.

Siete in ritardo e vi rivolgete così al vostro bambino...

A Non sei ancora vestito e io non ho ancora telefonato al dentista, come se non bastasse tua sorella non è pronta, quindi non metterci due ore a trovare il tuo gioco!

B Mettiti il cappotto, andiamo!

C D'accordo, non ti vestirò con la forza; voi siete pronti?

D Mi dispiace, siamo in ritardo. Mi puoi aiutare a recuperare il tempo perduto?

Qualche spunto di riflessione

Come potete immaginare, non esiste un'unica risposta giusta: dipende dal tono che usate, dall'età del bambino, se è la prima o la terza volta che ripetete la cosa e così via. Avete trovato ogni volta una o due formule brevi e positive, che possono semplificare la vita di vostro figlio e anche la vostra?

In generale, se avete una richiesta da fare a vostro figlio, prendete posizione in modo chiaro.

- È semplicemente una richiesta? «Per favore, potresti... ». In questo caso mettete in conto una risposta negativa da parte del bambino.
- Se invece si tratta di una richiesta non negoziabile, ditelo chiaramente e prevedete una conseguenza concreta in caso di rifiuto da parte del bambino.

REGOLA N. 21

Ricordate le regole, assumete il vostro ruolo di genitore, esprimete i vostri bisogni e fate delle proposte concrete. Esprimete le vostre richieste con una forma positiva e concisa: sarà più facile da capire e più piacevole da ascoltare.

CAPITOLO 4

Quando dire di no?

Le regole non devono mai essere applicate alla lettera e senza contemplare eccezioni, agite con intelligenza. La parola "intelligenza" deriva dal latino *intelligentia* che a sua volta deriva dal verbo *intelligere*, che significa "capire, leggere dentro, oltre l'apparenza", ovvero leggere tra le righe...

Genitori, dovrete ripetere spesso le regole stabilite affinché vostro figlio le memorizzi e le interiorizzi. Ci vuole pazienza e determinazione. Se aiuterete vostro figlio a strutturarsi, gli permetterete di entrare in relazione con ciò che lo circonda con una maggiore serenità.

È molto faticoso vivere con un giovane che non ha assimilato il concetto di limite quando era piccolo. È bene quindi che fin dalla più tenera età il bambino si confronti con i rifiuti dell'adulto e impari ad affrontarli. Dovrete anche evitare di usare soluzioni troppo brutali nel percorso che conduce dalla dipendenza all'autonomia.

Via via che il bambino matura, il suo spazio vitale e di sperimentazione si dilata sempre più sino a quando non spiccherà il volo.

Ricordate che la relazione tra genitore e figlio è destinata a diventare una relazione tra due adulti.

Non è che un bebè

Come dire di no ai bimbi sotto i 2 anni?

Abbiamo detto quanto sia importante, per un bambino piccolo, essere circondato da gesti rassicuranti, ascoltare parole tenere, sentire tutto l'amore dei genitori. Ma fin dall'inizio dovrà capire che lui non è tutto per sua madre e che la mamma non è tutto per lui. Dovrà aspettare e "dividerla" con gli altri. Intorno ai 18 mesi un bambino capisce quando il genitore non è d'accordo e impara a riflettere. Non parla ancora, e la comunicazione non verbale occupa un ruolo importante nella comunicazione.

LA STORIA DI MARION, 18 MESI

Marion picchia il fratellino. Laura, sua madre, le dice di smetterla. La piccola ricomincia, tenendo lo sguardo fisso sulla mamma. La madre porta Marion nella camera accanto dicendole, con calma: «Non voglio che picchi tuo fratello, torno a prenderti tra cinque minuti». Marion non si muove e guarda la mamma che esce dalla stanza, lasciando la porta aperta. Dopo qualche minuto (che per una bimba di 18 mesi è un tempo lunghissimo) Laura ritorna: «Vuoi che mi prenda cura di te?». Marion risponde di sì con la testa. «D'accordo, ma non voglio che picchi il tuo fratellino. Vuoi che ti legga una storia?». Marion corre immediatamente a cercare i suoi libri. La mamma e la figlia si abbracciano strette.

Il fatto di isolare Marion è stato un modo di interrompere velocemente l'aggressione nei confronti del fratellino. Questo ha dato a Marion un po' di tempo per pensare e a sua madre il tempo per respirare, prima di poter dare alla figlia un reale momento di disponibilità. Ma se Marion reagisce singhiozzando disperatamente, sarà senza dubbio meglio prenderla in braccio. È comprensibile che abbia paura che il fratellino prenda il suo posto. Si cercherà di organizzare il ménage familiare in modo che Marion, che è ancora molto piccola, si senta sempre coccolata, ma... il fratellino è sempre là, ed è sempre vietato picchiarlo. Marion dovrà confrontarsi con questa realtà.
Se Marion non è più nella condizione di ascoltare né di ragionare, se urla e ha una crisi seria, potrebbe essere necessario chiamare l'altro genitore o un'altra persona di famiglia affinché si occupino del fratellino, lo portino fuori, fargli il bagnetto... ma ovviamente senza negoziare nulla rispetto al divieto. Non ci sono rimproveri da fare a questa bimba che non sa come gestire gli scoppi di rabbia che l'assalgono.

Da che età i bambini comprendono i vostri rifiuti?

I bambini riescono a capire molto più rapidamente il significato di un "no", se accompagnate le vostre parole con un gesto concreto, capace di esprime in modo chiaro e fermo il vostro rifiuto, ma senza essere minacciosi o accigliati.

LE ESPERIENZE DI TITOUAN, 15 MESI

Titouan, seduto sul seggiolone, fa cadere il suo cucchiaio pieno di yogurt guardando il padre che protesta. Quindi Titouan si impegna per portare il cucchiaio alla bocca, osservando sempre la reazione del padre. Prova di nuovo a fare cadere il cucchiaio: tiene la mano sospesa, guarda il papà e aspetta una reazione. Se il padre dice di no con calma, il bambino si ferma... altrimenti ricomincia tutto daccapo.

Titouan verifica sin dove può spingersi, aspettando con gli occhi e le orecchie la risposta di suo padre. Se quello che sta cercando di fare è autorizzato, riceverà un segno di approvazione? Se smette di far cadere il cucchiaio a terra e finisce tutto lo yogurt, riceverà come ringraziamento gli applausi di suo padre?

Niente è più importante dell'esperienza

Molto spesso quando un bimbo comincia a muoversi, i genitori tolgono di mezzo tutto ciò che potrebbe essere fragile. Ma sino a quando si dovrà togliere dalla sua portata tutto ciò che gli è vietato?
«Non prendere il bicchiere, è pieno d'acqua!». Il bambino deve imparare che certe cose sono tecnicamente possibili ma non sono autorizzate. Capisce perfettamente quando gli si dice di no se tocca il bicchiere pieno d'acqua o si appoggia allo stereo. Ma ha bisogno di sperimentare le conseguenze delle sue trasgressioni, di verificare da solo i motivi per cui l'adulto lo sta limitando. Il bambino ripeterà la stessa esperienza finché non avrà capito che ci sono cose che può toccare e altre no, perché possono rovesciarsi o rompersi. Prenderà così l'abitudine di tenere conto delle regole e capirà meglio i vostri rifiuti.

REGOLA N. 22
È bene iniziare molto presto a parlare di regole. Il senso dei limiti e dei confini si acquisisce attraverso esperimenti ed errori. Ma fate in modo che le concessioni siano superiori ai divieti, che sono solo il margine della libertà.

Accettate di ripetere

A ogni età, un modo di assimilare le regole

- **Se vostro figlio che non ha ancora 2 anni** insiste a rovesciare il bicchiere dell'acqua, siate determinati quanto lui. Vostro figlio comprenderà che la regola non si cambia: «Se lo faccio di nuovo la mamma dirà di nuovo di no?». Un bambino si sente perso e si confonde quando per la stessa cosa un giorno è no e l'altro è sì.
- **A 2 o 3 anni** si amano le ripetizioni come si amano i ritornelli e le filastrocche. Dovrete quindi spiegare e ripetere la regola più e più volte. Piano piano questa regola risulterà chiara, verrà compresa e poi assimilata. E voi potrete passare ad altro.
- **Un po' più tardi, a partire dai 4 anni circa**, il bambino esplorerà le regole dettate da adulti che non sono i suoi genitori. Comincerà a distinguere tra la regola in sé e l'adulto che la stabilisce: «Che tu sia con la nonna, con papà o con Manou, non puoi accendere il televisore da sola».
- **Verso i 5 o 6 anni** il bambino è capace di distinguere le cose importanti e comuni a tutte le famiglie, come per esempio il rispetto dovuto alle altre persone e le "linee guida", che dipendono dal luogo in cui ci si trova, dal temperamento dell'adulto o dal clima: l'ora in cui fare il bagno, i giochi rumorosi da evitare per non disturbare, le scarpe da togliere nel tal posto e così via. Se le indicazioni sono espresse con chiarezza, il bambino capirà in fretta: «Dal-

la nonna non si entra in camera con le scarpe, ma potete andare a dormire un po' più tardi che a casa». «In tutte le case si deve chiedere se si può prendere qualcosa che non ci appartiene».

Lasciate del tempo per riflettere

Quando il figlio non obbedisce immediatamente, alcuni genitori si spazientiscono: «Hai capito che cosa ho detto o devo di nuovo ripeterlo?». Ma forse il bambino sta solo prendendosi il tempo necessario per riflettere. A volte risponde spontaneamente «No!», e poi, pochi secondi dopo dice: «Ma sì!». Alla sua reazione impulsiva segue una valutazione interiore e poi la scelta di obbedire.

REGOLA N. 23
Lasciate a vostro figlio il tempo di assimilare ciò che gli state chiedendo di fare e di riflettere sulla risposta da darvi.

Le insidie della ripetizione

Evitate di ripetere senza sosta le stesse cose a un bambino che abbia più di 7 anni. Ascolterà distrattamente, con un orecchio sì e uno no, se sa che siete sempre lì, pronti ad aiutarlo. Chiedete piuttosto a vostro figlio di riformulare il vostro messaggio: «Ascolta bene quello che ti dico e poi tu me lo ripeterai. Le tue calze nuove sono in mansarda, sullo scaffale a destra, in una borsa blu».

Permettetevi di essere decisi

Se siete in sintonia con voi stessi e con il vostro bambino, quando gli farete una richiesta sentirà che è giusta.

VIOLAINE, MAMMA DI MANU, 7 ANNI

«Mio figlio è davvero incontenibile! Gli avrò spiegato cento volte che ognuno deve parlare quando è il proprio turno, che un po' di silenzio qualche volta mi farebbe piacere, che anche sua sorella ha voce in capitolo. Ma non mi ascolta, è un tipo molto vivace e discute sistematicamente su tutto quello che gli dico. Che liberazione il giorno in cui, durante un pranzo, di punto in bianco gli ho ordinato: «Manu, taci!». Mi ha guardato stupito e poi si è rimesso a mangiare. La conversazione poi è ripresa in modo tranquillo, tra tutti e tre. Senza alcun rancore, Manu era sereno e io così sollevata...».

Questa madre ha fermato il figlio senza aggredirlo. Sembra anche che siano riusciti a capirsi. E la sorella ha finalmante potuto parlare delle sue cose.

REGOLA N. 24
Verificate che vostro figlio abbia compreso bene il vostro messaggio. Invitatelo a riformulare ciò che ha capito.

Che cosa fare in caso di crisi?

Può capitare che vostro figlio sia arrabbiato e, non riuscendo a controllarsi, arrivi a insultarvi. Anche a voi capita di perdere le staffe, no? Imparate a frenare la spirale di violenza e a prendere le distanze. Avete il diritto di esigere delle scuse prima di riprendere a comunicare, ma attenzione, se la sua rabbia è ancora molto forte, vostro figlio può impuntarsi o chiudersi nel silenzio: ecco una situazione di stallo. Prendiamo come esempio quest'immagine: una persona bloccata in un vicolo cieco di fronte a un avversario che non lascia scampo né via d'uscita, non ha che due possibilità, o si sottomette o usa la forza. Quando vostro figlio si sente braccato, quale scelta gli resta?

Prendete in mano la situazione

Se vostro figlio obbedisce, avete vinto la partita. Ma riprendete la comunicazione con lui non appena ci sarà la possibilità di un chiarimento, perché il problema non è risolto e il rancore accumulato rischia di ritornarvi indietro come un boomerang.

Fate un passo di lato

Se il vostro bambino si impunta e voi non vedete modo di uscire dallo stallo, tentate allora di fare un passo di lato: dopo avere detto di no agli insulti, cercate di spezzare la spirale emotiva in cui è cascato. Come? Se voi allontanate brutalmente il bambino dalla stanza, capirà, e a ragione, che lo state chiudendo fuori. Rischia di vivere questo gesto come una punizione che si aggiunge alla sua grande irritazione, e penserà che non vi importa niente del suo problema. Al contrario, se riconoscete la sua rabbia — e anche la vostra — esprimendo la necessità di un ritorno alla calma e di un po' di distanza prima di potervi chiarire, gli offrite una boccata di ossigeno e la cosa non avrà più nulla a che vedere con l'esclusione.

Un punto di vista diverso

Il passo di lato permette di vedere le cose da un'altra angolazione, ma attenzione, non fate come se non fosse successo niente. Spiegate al vostro bambino che avrete bisogno di riparlare molto presto dell'accaduto, non appena avrete ritrovato la calma.

In quest'ottica si può istituire un piccolo angolo "dove stare bene", un luogo in cui è possibile recuperare la calma. Alcuni bambini lo apprezzano così tanto che capita che siano loro stessi a chiedere il permesso di usarlo quando si sentono troppo arrabbiati.

Create un diversivo

Certi temperamenti hanno bisogno di più tempo di altri per calmare le loro emozioni, di fare un passo indietro e di accettare piano piano di doversi scusare. Non esitate a proporre un diversivo, che si tratti di dare da mangiare al cane o di andare a fare la spesa, poco importa: l'essenziale è ristabilire un contatto attraverso qualcosa di diverso, un'altra attività piacevole, o anche consueta. In questo modo la quotidianità riprenderà il suo corso. Se vostro figlio si è reso conto del suo linguaggio impertinente, forse vi presenterà spontaneamente le sue scuse. Accettatele con naturalezza e voltate pagina. Tutti hanno paura di "perdere la faccia", di screditarsi, rinunciando a ottenere subito ciò che hanno chiesto. Ma quando ci si lascia trasportare dalla rabbia, spesso si è già perso la faccia. Non aspettiamo che sia il bambino a fare il primo passo. Siamo genitori responsabili quando offriamo in modo intelligente e incondizionato una nuova chance alla relazione. Ecco ciò che chiamiamo una "soluzione onorevole": che ciascuno ne esca senza umiliazione. È altrettanto vero tra adulti, no?

Riconsiderate la situazione

Quando la calma sarà tornata, rifletterete su una vera riparazione e pondererete la vostra richiesta. Ma in sostanza, di cosa si trattava all'inizio? Togliere il piatto dal tavolo? Finire i compiti? Mettere in ordine i giocattoli? Spegnere la consolle dei videogiochi?
Se vostro figlio ha raggiunto quella che si chiama età della ragione, potrete fare un passo in più: confrontarvi con lui su ciò che ha provocato tutto quel nervosismo. Per ristabilire veramente la pace, cercate insieme delle soluzioni al problema in questione, ma anche dei modi per gestire meglio un eventuale conflitto futuro. E se siete d'accordo, un piccolo rituale affettuoso simboleggerà la vostra riconciliazione e permetterà di voltare pagina. Non collezionate conflitti!

REGOLA N. 25
L'emozione è troppo forte? Respirate! Accettate la rabbia di vostro figlio, contestualizzatela e prendetevi del tempo. Non "perderete la faccia": riprenderete l'iniziativa con le giuste condizioni per poter avere un dialogo rispettoso.

L'eccezione che conferma la regola

Un righello a scuola è uno strumento utile per tracciare delle linee diritte, ma ciò che conta davvero non è il righello, è la linea.
Non confondete l'obiettivo (per esempio che i vostri bambini siano puliti) con il mezzo usato per raggiungerlo (per esempio che facciano la doccia tutti i giorni).
Se vi fissate sul mezzo (la doccia giornaliera), rischiate di impantanarvi in un inutile braccio di ferro.

L'eccezione è l'occasione per confermare la regola

Esistono davvero delle eccezioni alla doccia giornaliera: potrebbe, per esempio, non esserci più acqua calda perché il riscaldamento non funziona; oppure potreste essere arrivati troppo tardi a casa dopo la festa... A volte l'esonero riguarderà un solo membro della famiglia, per esempio il vostro figlio più grande a cui è stato ingessato un braccio. Ma è chiaro, non appena il riscaldamento riprenderà a funzionare, e le cose torneranno alla normalità, tutta la famiglia riprenderà a fare la doccia come di consueto. Ognuno integrerà il concetto che, fatta eccezione per casi particolari e contingenti, la regola continua a essere valida e dovrà essere rispettata.

È quello che ha ben capito Oriane, 4 anni, che non ama troppo fare la doccia, ma che vi si rassegna: «Se oggi ce ne siamo dimenticati, è obbligatorio farla domani!».
Le eccezioni sono anche l'occasione per affermare che la regola non è che uno strumento che aiuta a vivere meglio insieme o a rimanere in buona salute.

REGOLA N. 26

L'eccezione riporta la regola alla sua funzione di strumento.
E può anche aiutare a uscire da una situazione di stallo.

Quando possiamo smettere di sorvegliarlo?

Per passare dalla stretta sorveglianza alla conquista della libertà, bisogna procedere per gradi. Il bambino è capace di collaborare solo se gli permettiamo di assumersi delle responsabilità in relazione alle sue capacità. È ciò che illustrano bene le storie di Sounouk e Anne-Laure.

IL SONNO DI SOUNOUK, 4 ANNI

Sounouk fa sempre fatica ad addormentarsi. Una sera la nonna accetta di lasciare la luce accesa, spera così di non cadere nella trappola delle letture che durano in eterno. Dopo l'ultima pipì e la lettura del libro che hanno scelto insieme, la nonna propone a Sounouk: «Se ti fa piacere puoi guardare ancora qualche libro da solo, e quando senti che ti si chiudono gli occhi, spegni la luce e ti accoccoli sotto le coperte. Sei grande, adesso, e penso che tu possa riuscirci senza che io debba tornare. Domani mi dirai come te la sei cavata. Buona notte, Sounouk». Nel giro di dieci minuti, Sounouk spegne la luce e si addormenta. Il giorno dopo dice alla nonna di aver dormito molto bene.

L'ORGANIZZAZIONE DI ANNE-LAURE, 11 ANNI

Anne-Laure vive da sola con la mamma, la quale rientra dal lavoro a orari sempre diversi. Tra loro c'è un patto: Anne-Laure può guardare la televisione dopo avere finito i compiti e a patto che abbia fatto la doccia prima dell'ora di cena, ovvero per le 19,30.

Una sera la mamma rientra all'ora di cena e trova la figlia davanti allo schermo, senza che abbia ancora fatto la doccia. Sente montare la rabbia ma respira profondamente e si calma. Dice poi pacatamente alla figlia: «Stasera sono molto stanca, ma ammettiamo che abbia ancora l'energia per fare la mamma. Che cosa dovrei dirti?». Scambio di sguardi, attimo di silenzio. Anne-Laure si alza senza replicare e va a fare la doccia. La cena viene consumata tranquillamente.
Quella domanda della mamma e quell'attimo di silenzio hanno permesso a Anne-Laure di valutare la situazione e di assumersi la propria responsabilità. Da quel giorno, tra la mamma e la figlia non ci sono più stati problemi attorno alla doccia. Anne-Laure la fa prima di cena, qualche volta se ne dimentica, ma non importa, ha imparato a prendersi cura della propria igiene, senza bisogno di essere sorvegliata. Visto che l'obiettivo è stato raggiunto, la regola diventa inutile.

Margini di libertà indispensabili

Non vigilate su vostro figlio 24 ore su 24. Ha bisogno di avere un margine di libertà al di fuori dello sguardo degli adulti e di fare le cose a modo suo, anche a rischio di sbagliare. Questo spazio di libertà gli permette di sperimentare da solo le conseguenze delle sue scelte e di correggerle senza doverne rendere conto agli adulti.

REGOLA N. 27

Smettete gradualmente di sorvegliare il vostro bambino, regalandogli un po' di autonomia... con l'impegno che se ne assuma le conseguenze!

TEST

Quali regole negoziare?

Il patto di fiducia

La fiducia si costruisce attraverso esperienze condivise nel tempo. Quando il bambino diventa grande, la sua fiducia nell'adulto diventa un impegno morale attorno a un "contratto" che definisce i termini e le condizioni di una buona alleanza.

L'adulto rimane sempre il garante delle regole stabilite e dovrebbe evitare di modificarle in seguito a un momento di rabbia o a seconda dei suoi desideri del momento. Il riferimento a un accordo precedentemente preso permette effettivamente al bambino di fare programmi e di organizzarsi. «Puoi uscire in bici con i tuoi compagni alle condizioni stabilite. Mi fido di te».

Immaginiamo che una madre chieda al proprio figlio di andare a comprare il pane per la cena. Il bambino acconsente. La mamma gli dà il denaro. Questo è un vero e proprio contratto, perché l'adulto ha chiesto al bambino se voleva e se si sentiva in grado di svolgere quel compito. Ma bisogna assicurarci che, in caso contrario, il bambino si sarebbe sentito libero di rifiutare, perché per esempio era occupato in una qualche attività. D'altra parte, se l'adulto non lascia la possibilità di scelta, non si tratta di un patto di fiducia ma di una regola non negoziabile.

E se gestissi tu le spese per i tuoi vestiti?

Una bambina di 10 anni era diventata molto esigente riguardo al suo abbigliamento. Siccome manifestava la voglia e la capacità di cavarsela da sola e in più le piaceva molto fare i conti, i suoi genitori le proposero, all'inizio della prima media, di gestire da sola le spese per i suoi vestiti, a condizione di prevedere anche le scarpe e gli abiti caldi per l'inverno. La bambina rispose: «Sì, accetto, ma anch'io ho delle condizioni: la mamma è disposta a darmi consigli?». Il patto fu concluso.

Test: Negoziabile o no? Bisogna saperlo

Quest'esercizio vi aiuterà a distinguere i principi base, le regole e i patti. Non esitate a modificare la lista in relazione alle vostre preoccupazioni o all'età del bambino.

Risposta **P**, come **Principio**: non è negoziabile

Risposta **R**, come **Regola**: non è negoziabile ma talvolta possono esserci eccezioni. Alcuni termini e condizioni possono essere negoziati con i bambini e la regola può cambiare nel tempo.

Risposta **C**, come **Contratto**: costituisce l'oggetto di un contratto con un bambino in particolare, ciascuna delle parti porrà delle condizioni e ciascuno si impegnerà liberamente.

Risposta **F**, come **Facoltativa**: lasciate che ogni bambino decida liberamente per se stesso.

Per ciascuno dei casi seguenti, rispondete **P**, **R**, **C** o **F**?

...... • Mettere in ordine la camera.

...... • Mettere a posto un gioco prima di prenderne un altro.

...... • Mettere le ciabatte prima di salire al piano di sopra.

...... • Evitare di camminare sul prato.

- ...... • Apparecchiare.
- ...... • Venire a tavola all'ora dei pasti.
- ...... • Finire prima quello che c'è nel piatto se si vuole il dolce.
- ...... • Mangiare caramelle tra un pasto e l'altro.
- ...... • Scegliere i vestiti al mattino.
- ...... • Lavarsi i denti prima di andare a scuola.
- ...... • Usare i propri soldi come si vuole.
- ...... • Gestire da soli i soldi per comprare gli articoli di cancelleria.
- ...... • Guardare la televisione.
- ...... • Aprire una pagina Facebook per un bambino di 11 anni.
- ...... • Andare per il quartiere in bicicletta con i compagni.
- ...... • Andare da soli alla mediateca.
- ...... • Bussare prima di entrare in camera del fratello.
- ...... • Aiutare la sorellina a fare i compiti.
- ...... • Salutare, ringraziare.
- ...... • Non dire parolacce.

Qualche spunto di riflessione

Nessuno può decidere per voi e senza tenere conto del contesto ciò che si può negoziare o meno. Tuttavia, può essere interessante discuterne tra genitori o con altre persone e poi porvi le seguenti domande...

Promemoria per mettere in atto una regola efficace

Qual è il senso di questa regola?

Questa regola è un'autorizzazione, un divieto o un obbligo? A quale principio obbedisce? A quale problema risponde? Che diritto e quali persone protegge? Che cosa dovrebbe favorire?

Chi decide?

Che cosa è imposto dai genitori o deciso da tutta la famiglia? Come viene presa la decisione se non tutti sono d'accordo? Ciò che viene negoziato con i vostri figli non può essere deciso, naturalmente, se non all'interno del quadro che voi avete stabilito in quanto adulti... Ma non dimenticate di prepararli piano piano... a non dipendere più da voi.

La regola è comprensibile da tutti?

È una regola semplice? Ha lo stesso senso per tutti, senza possibilità di interpretazioni diverse? (Per esempio, che cos'è una volgarità?). Come capiremo se viene rispettata o meno? Esiste traccia della decisione presa? (Foglietto sul frigo, in un quaderno, con un simbolo, un testimone...).

L'equilibrio del rapporto delle forze in campo

Le persone che negoziano hanno un sufficiente livello di comprensione della situazione da non rischiare di essere manipolati da uno più grande o più smaliziato? Vi siete dati il tempo di ascoltare i bisogni e i desideri di tutti, comprese le minoranze? È stato verificato il consenso di ciascuno? O, altrimenti, com'è stata presa la decisione?

La regola e il patto sono realisti e sostenibili?

Qual è l'interesse di ciascuno nel rispettare la decisione presa? Quali obblighi e quali cambiamenti nella routine quotidiana comporta questa nuova regola?

Che cosa succede se la decisione non viene rispettata?

- Chi subisce le conseguenze di questa regola?
- Gli adulti sono in grado di rispettare a loro volta la decisione presa? Come vengono gestite le eccezioni?

- Chi potrà controllare ciò che è stato deciso? Quali sono le conseguenze sulle relazioni tra i bambini?
- Viene applicata una sanzione: violazione del patto, interruzione dell'attività, riparazione, obbligo di discutere o di riflettere o di riformulare la regola?
- Avete previsto degli incontri per fare il punto e correggere le modalità?

Quando la regola diventa inutile

Quando l'obiettivo è stato raggiunto (per esempio, prestare attenzione all'altro), la regola (dirgli buongiorno) diventa uno strumento inutile. Questa attenzione all'altro si manifesta in modo spontaneo e personalizzato (un sorriso, un semplice gesto o un'altra formula di saluto...).

Il fatto di cancellare ufficialmente una regola divenuta inutile è anche l'occasione per verbalizzare un progresso: l'attenzione all'altro ora è di migliore qualità, il bambino diventa più autonomo, è cioè capace di cavarsela da solo, con cognizione di causa.

La sfida di questo approccio è che ogni bambino si senta protetto da ciò che viene messo in atto, che si senta rispettato e senta che si ha fiducia in lui; che eserciti la sua parte di responsabilità nella vita collettiva e che prenda gusto alla solidarietà.

REGOLA N. 28

Una regola, anche non negoziabile, può essere spiegata.
Un patto è un impegno gratuito tra due parti.
Le clausole del contratto devono essere sempre discusse e verificate.

CAPITOLO 5

Crescere i figli è faticoso

Affermate:
«È estenuante prendersi cura dei bambini».
Avete ragione, è così.
Aggiungete:
«Perché dobbiamo metterci al loro livello. Abbassarci, piegarci, rannicchiarci».
Qui vi sbagliate. Non sono tanto questi aspetti a stancarci di più, quanto il fatto di porci all'altezza dei loro sentimenti. Di elevarci, allungarci, metterci in punta di piedi, tenderci. Per non ferirli[1].

Sì, questo richiede un po' di tempo, attenzione ed energia per comprendere il proprio piccolino e accompagnarlo nella sua evoluzione. A casa le controversie creano tensioni e minano la pazienza degli uni e degli altri. Un conflitto è un disaccordo tra due o più persone, che ha una conseguenza fastidiosa per l'una o per l'altra. I conflitti sono il risultato di bisogni insoddisfatti. Non è il conflitto ad essere violento o non violento, ma il modo in cui lo affrontiamo. Le crisi emotive e le trasgressioni rivelano conflitti che non si è riusciti a spiegare. Ma un conflitto latente, inespresso, è ancora più difficile da risolvere.

[1] Testo tratto da *Quand je redeviendrai petit* di Janusz Korczak (Editions Faber, 2013; ed. italiana *Quando ridiventerò bambino*, Luni Editrice, 2013).

Non si ascoltano mai troppo i bambini

Quelli che dicono che si ascoltano troppo i bambini confondono certamente il significato di "ascoltare" con quello di "cedere". No, non ascoltiamo mai troppo i bambini, ma capita di ascoltarli male o nel momento sbagliato. È sempre meglio ascoltare con attenzione le loro richieste, piuttosto che farlo con un orecchio troppo distratto, mentre stiamo facendo altro: «Finisco il mio lavoro, ne ho per dieci minuti e poi ti ascolto».

Ascolto ciò che provi

Quando un bambino racconta la propria giornata, spesso riporta avvenimenti che possono sembrare poco rilevanti per gli adulti. Ma a ben guardare, un'espressione sul suo volto, il movimento del suo corpo o delle sue mani esprimono un'emozione. Ascoltarlo significa concentrarsi su ciò che sente in quel momento. Una madre raccontava di come, una sera, la figlia di 10 anni le raccontasse timidamente ciò che subiva a ricreazione. I più grandi la prendevano in giro... La madre si domandò se la figlia non stesse esagerando e pensò si trattasse di semplici giochi da bambini. Ma non dobbiamo assolutamente banalizzare ciò che dice questa bambina. Le sue storie rivelano la sua inquietudine e la madre dovrebbe fare qualcosa di concreto per mettere fine alle derisioni che subisce la figlia.

Ti ascolto anche se non sono d'accordo

Ascoltare il bambino così come accogliere le sue obiezioni alle nostre richieste non ci obbliga a essere d'accordo con lui e non ci dispensa dal mantenere la direzione stabilita.

ALL'ORA STABILITA

Il piccolo Jérémie, 8 anni, è arrabbiato perché è l'ora di salutare i compagni di gioco. La mamma gli dice: «Sei deluso, vedo che ti stai divertendo, ma dobbiamo andare perché domani devi andare a scuola. Tra mezz'ora andiamo. Approfittane per finire la partita con i tuoi amici e per fissare il giorno in cui potrete rivedervi».

La giusta distanza è quella che permette di capirsi senza confondersi, di accettare le divergenze senza arrabbiarsi: «Tu sei tu e ti voglio bene. Io sono io e su questo punto non sono d'accordo». Talvolta precisando: «E poiché sono responsabile per te, sono io che decido su questa cosa».

Calmati, poi ne discuteremo

Durante una crisi emotiva, come prima cosa cercate di calmare vostro figlio accettando la sua rabbia senza essere giudicanti. Non è proprio il momento questo per iniziare a discutere. Sappiamo tutti che una persona quando è su tutte le furie, che si tratti di un bambino o di un adulto, non ascolta le argomentazioni del suo interlocutore ma spesso sceglie ciò che gli fa gioco in quel momento, ovvero quello che può rafforzare la sua rabbia.

ALEXANDRE, PAPÀ DI THÉO, 10 ANNI

«Mentre mio figlio si innervosiva, io avevo la tendenza a dargli troppo ascolto. Si trincerava dietro alle sue giustificazioni, cosa che mi faceva uscire dai gangheri. Ho imparato a differire. Gli propongo di andare un attimo a giocare in giardino, in modo che possiamo calmarci entrambi e poi vedere le cose più chiaramente».

REGOLA N. 29
Ascoltare non significa cedere. E per riuscire ad ascoltare bene, bisogna mettersi nella condizione di poterlo fare.

Il suo silenzio mi inquieta

Lasciategli del tempo per poter parlare

A volte ci vuole tempo per elaborare un discorso e per trovare la fiducia per parlare. Quando chiedete a vostro figlio di raccontarvi la sua giornata, ha il diritto di tacere e persino di non pensare alla scuola per un po'. Inutile trasformare la merenda in un interrogatorio...

Siate vigili

Se siete preoccupati per il silenzio di vostro figlio, non forzatelo a parlare, ma osservate prima di ogni cosa qual è il suo comportamento in famiglia.

PAPÀ DI LUC, 11 ANNI

«Trovo normale interrogarlo su ciò che succede a scuola o con i suoi compagni, ma mi risponde che è la sua vita privata. Come posso sapere se tutto fila come dovrebbe o se c'è bisogno che io intervenga?».

Fate attenzione ai piccoli segnali. Raccogliete con cura le briciole di informazioni che a volte il bambino lascia cadere, altrimenti rischia di rinchiudersi nel proprio guscio, ingannandovi... e in seguito di crollare rovinosamente. È questo il pericolo con i bambini tormentati, e i casi non sono rari.

Aiutateli a confidarsi

Esprimete la vostra inquietudine con il bambino in modo semplice. Qualche domanda fatta con delicatezza può aiutarlo a confidarsi: «Come va a scuola con i tuoi compagni? C'è qualcuno che ti infastidisce? Hai il diritto di non parlarmene, se non ti va... Se c'è qualcosa che ti preoccupa, forse è più facile per te parlarne con il tuo allenatore, con il nonno, con il medico... decidi tu con chi farlo». Una ragazzina ha accettato di incontrare uno psicologo quando ha capito che la sua professione era quella di aiutare a scacciare gli incubi.

Non restate soli con la vostra inquietudine

Non drammatizzate. Confrontatevi con le persone che frequentano il vostro bambino abitualmente (parenti, vicini, allenatore, educatore, compagni) e con le varie figure professionali (insegnanti, direttore scolastico, medico e via dicendo).

REGOLA N. 30
Per affrontare i segreti dei bambini occorrono rispetto, delicatezza, vigilanza.

Il coraggio di dirgli di no

Dobbiamo restare saldi sui nostri principi a ogni costo o cedere per poter avere la pace? Di che pace si tratta? A volte evitiamo i conflitti per soffrire di meno, per poi soffrire proprio perché li abbiamo evitati. Perché evitare il conflitto non significa evitare il problema.
Molti genitori hanno paura di perdere l'amore dei loro bambini e detestano l'idea di non piacere loro. Eppure sanno bene che ogni tanto devono opporsi. Il problema è trovare l'energia per farlo.

Abbiamo tutti bisogno di ricompense per gli sforzi che facciamo

Alcune ricerche nel campo della psicologia hanno riscontrato nell'essere umano quel bisogno legittimo di una ricompensa per lo sforzo fatto: abbiamo tutti bisogno di essere valorizzati, anche nel nostro ruolo di genitori.
La difficoltà di questo mestiere sta nel fatto che i genitori piantano i loro semini senza davvero sapere se potranno godere del raccolto, né tantomeno quando. Ditevi quindi che state facendo un immenso servizio ai vostri bambini quando vi assumete la responsabilità di essere genitori, compreso il fatto di mantenere le regole, soprattutto nei giorni di tempesta. Non esitate a sentirvi orgogliosi di voi quando, davanti ai vostri bambini sovraeccitati, riuscite a mantenere la calma,

la coerenza e la fermezza. Sappiate che è del tutto inutile aspettarvi dai vostri piccoli un ringraziamento diretto e immediato per i vostri sforzi. Vivono la loro vita di bambini e non vi devono nulla. Rileggete la prefazione di qualche romanzo in cui appaiono i ringraziamenti dell'autore ai propri genitori, scritti spesso molti anni dopo e nonostante i conflitti e le difficoltà di comunicazione tra loro... Non perdete dunque la speranza!

Sostenetevi tra pari

Cercate di sostenervi reciprocamente tra adulti, magari quando vi incrociate nelle riunioni tra genitori oppure in occasione di attività non necessariamente legate all'educazione dei vostri figli: corsi di lingue, gruppi di trekking e così via. Scegliete di confrontarvi, su ciò pensate o fate, con amici di cui vi fidate e che potranno, senza giudicarvi, farvi notare una trappola in cui state rischiando di cadere. Voi stessi, ascoltando un padre o una madre parlare delle proprie difficoltà, osserverete alcuni errori che la persona in questione non ha ancora messo a fuoco.

REGOLA N. 31
Farete un favore ai vostri figli e a voi stessi se saprete tenergli testa quando superano il limite. L'educazione è un investimento per il futuro e voi siete i suoi seminatori.

Con la stanchezza tutto si complica...

Un genitore stanco manca del tutto di lucidità, s'innervosisce per ogni minima piccolezza oppure, al contrario, lascia che il figlio commetta delle stupidaggini... fino a quando non supera la soglia del sopportabile.
Un genitore fuori di sé è fuori dalla sua normale capacità di riflettere e può anche perdere le staffe, può esplodere, urlare o mollare uno schiaffo al suo bambino. Non si tratta in questo caso di un abuso dell'autorità ma, al contrario, della conseguenza di una mancanza di autorità.
Ancora più grave: sopraffatto dalle crisi del suo bebè, un genitore può arrivare a scuoterlo. I pediatri ci mettono in guardia sui gravi rischi che minacciano un neonato che viene scosso.

Avete i nervi a pezzi

Siete esausti per un sovraccarico di lavoro, per il periodo della gravidanza, l'allattamento e le notti insonni? Riconoscete a voi stessi di aver bisogno di aiuto, di riposo e di distacco. Se siete in coppia, valutate insieme se è possibile fare scelte finanziarie o professionali che potrebbero portare benefici all'atmosfera che si respira in famiglia.
Esplorate le possibilità di aiutarvi tra vicini e membri della famiglia: passaggi in macchina, custodia dei bambini e altro. D'altra parte, cer-

ti conflitti possono diventare ripetitivi e dolorosi. Si innescano meccanismi irrazionali, malgrado la buona volontà di tutti. In quei casi, professionisti competenti possono aiutare a comprendere ciò che sta succedendo nella vostra famiglia.

REGOLA N. 32
Le conseguenze della stanchezza possono essere molto gravi. Fermatevi e non esitate a chiedere aiuto.

Mio figlio fa resistenza

Spesso, quando i nostri figli fanno resistenza, per noi è molto faticoso, ma cerchiamo comunque di decifrare i motivi del loro comportamento. Il bambino a volte costruisce se stesso imitando i modelli genitoriali, a volte opponendosi a questi; raramente lo fa per infastidirci, qualche volta per farsi notare o semplicemente per sperimentare possibilità diverse dai soliti modelli.
A volte siamo sorpresi quando i nostri figli applicano su di noi le norme di buona educazione che diamo loro, diventando come degli strani specchi.

Il senso della giustizia e della solidarietà

Il bambino prova presto un desiderio di uguaglianza, prima tappa verso il concetto di giustizia, e riflette su questo più di quanto ci possa sembrare. Perché gli adulti hanno pezzi di formaggio più grossi? Perché sono sempre le femmine a dover lavare i piatti?

LA DOMANDA DI BLANDINE, 11 ANNI

Questa ragazzina riesce proprio a mettere gli adulti alle strette. Ecco la sua domanda: «Perché quando un padre e la figlia hanno un appuntamento, la figlia viene sgridata se arriva in ritardo, mentre se lo fa il padre, ha sempre una scusante?».

I dilemmi dei bambini

Il bambino sviluppa molto presto il senso di solidarietà e continua a vivere conflitti di lealtà: deve denunciare un compagno colpevole («Non sono un traditore... »)? Deve rifiutarsi di aiutare il suo vicino di banco durante un compito («Io vorrei aiutarlo ma il maestro vuole che se la sbrighi da solo»)?

Dovete capire anzitutto che è spesso animato da buoni sentimenti e apprezzare la sua intenzione di aiutare un compagno in difficoltà. Se si sentirà compreso, accetterà di miglior grado domande che allargheranno la sua visione del problema: «Quali sono le conseguenze sugli altri? Il tuo aiuto è davvero utile al tuo compagno che si rifiuta di lavorare?». Come un adulto, imparerà che cos'è un problema complesso e cosa significa la parola "dilemma".

Non gli insegniamo a disobbedire già dalla materna?

Abbiamo già fatto la necessaria distinzione tra la sottomissione e l'obbedienza. Sì, è possibile insegnare ai nostri bambini di 4 o 5 anni a resistere a quelli che cercano arbitrariamente di piegarli ai propri desideri. Se in una relazione tra due bambini uno dei due è sempre quello che si sottomette senza riflettere, dovrà imparare a imporsi (vedi capitolo 6). E allora diventerà capace di disobbedire alle regole ingiuste imposte dagli adulti...

REGOLA N. 33

Congratulatevi con i vostri bambini per essere stati capaci di ascoltare il loro cuore e resistere a ciò che sentono ingiusto. Ma aiutateli a vedere che certi problemi sono complessi.

Trasgressione ed emancipazione

Tra i 10 e i 12 anni certi bambini si rifiutano di obbedire ed esprimono forte, a gran voce, la loro contrarietà, come testimoniano numerosi genitori.

ANNABEL E PATRICK,
GENITORI DI NORA, 11 ANNI

«Nostra figlia ormai è una preadolescente. Non è un periodo piacevole per lei e nemmeno per noi. Continua a fare sciocchezze, trascura lo studio, si rivolge a noi con tono sprezzante, soprattutto quando è con le amiche. Siamo costernati di fronte al suo comportamento».

La preadolescenza

I preadolescenti cominciano a sperimentare, a usare pettinature non convenzionali, a scegliere vestiti con uno stile diverso da quello usato abitualmente in famiglia, per proiettarsi nel mondo degli adulti. I ragazzi si affermano per sentirsi esistere. Sperimentano anche la disobbedienza per emanciparsi.
Durante questo "periodo cerniera" rivendicheranno la loro originalità in rapporto ai codici dei loro genitori, nascondendo la loro timidezza in un conformismo a volte sorprendente nei confronti dei loro amici.

La trasgressione dei preadolescenti

Queste trasgressioni corrispondono a dei bisogni. Per certi ragazzi si tratta di testare l'affidabilità dei loro genitori e di verificare sino a che punto li amino e siano disposti a proteggerli. Un po' nello stesso modo in cui gli adulti testano un'automobile con la speranza che riesca a tenere la strada nelle curve più pericolose. Se è il caso, se vostro figlio sembra provocarvi, gli darete l'informazione che si aspetta di avere? Saprete rassicurarlo confermando che, sì, sarete sempre lì, pronti a proteggerlo?
L'atteggiamento di un preadolescente risulta molto spesso ambivalente: può aspettarsi e desiderare la reazione dei suoi genitori e allo stesso tempo esserne terrorizzato, quella stessa reazione che il ragazzo o la ragazza sta palesemente provocando. E quando quella reazione non arriva, il suo disperato bisogno di avere una risposta può anche portarlo a commettere gesti più gravi. La trasgressione, in certi casi, non è altro che una richiesta di aiuto, a volte un vero e proprio SOS.

La sconfitta dei genitori

Sarete probabilmente delusi di non riconoscere più la bambina affettuosa o il ragazzino giocoso che un tempo correva verso di voi per buttarvi le braccia al collo. È difficile da sopportare, certo, ma non è un dramma.
In quel momento della loro esistenza, sarebbe opportuno che i bambini incontrassero sul loro percorso adulti affettuosi e al tempo stesso in grado di proteggerli. I ragazzi hanno bisogno sia dell'attaccamento che della libertà. Diventano capaci di nuove prestazioni, ma restano allo stesso tempo fragili come il guscio dell'uovo che si crepa in modo che possa uscirne il pulcino.

Arrivati a questo momento così delicato, i vostri figli diventano ancora più sensibili alle vostre manifestazioni di affetto, ma anche ai vostri errori e alle vostre disattenzioni. Sarà quindi importante dare prova sia di attenzione sia di flessibilità, rimanere sempre aperti al dialogo, tenendo duro sulle questioni essenziali.

REGOLA N. 34

I vostri figli, in particolare i preadolescenti, cercano in tutti i modi di sfuggirvi ma in realtà hanno ancora bisogno di voi. Tenete duro e date loro fiducia: è un momento di transizione.

TEST

Che modello siete per i vostri figli?

I nostri figli ci imitano

I bambini inizialmente imparano per imitazione e per immersione. Guardano gli adulti che hanno attorno e acquisiscono diversi modelli di comportamento.
Questo test vi invita a rivedere le vostre reazioni di fronte alle costrizioni e ai conflitti della vita quotidiana. Scegliete spontaneamente la risposta più vicina alle vostre abituali tendenze.

1 Come rispettate i limiti imposti?

La velocità in città ha un limite massimo di 50 km/h. Voi pensate:

A È un'idiozia, qui la visibilità è ottima.
B È fastidioso ma c'è senz'altro una ragione.
C A questa velocità padroneggio meglio la macchina.
D Posso andare più veloce, non ho visto rilevatori di velocità.

I pedoni devono attraversare sulle strisce. Cosa fate?

A Quando sono con i miei bambini, rispetto la regola.
B Attraverso fuori dalle strisce, sennò devo fare un percorso più lungo.
C Quando non c'è nessuno, passo.
D Comunque sia, le macchine ci devono dare la precedenza.

2 Come vi sbrogliate in una situazione insolita?

Partite per le vacanze da solo (sola) con i vostri tre bambini che hanno dai 2 ai 7 anni e arrivate di notte nell'albergo che avete prenotato. La proprietaria vi ha spiegato dove si trovava la chiave ma sul posto non c'è né acqua né elettricità...

A Chiamo i pompieri.

B Rovisto in tutta la casa per trovare delle candele.

C Trovo una torcia nell'auto e metto a dormire i bambini rassicurandoli: domani ci sarà la luce del giorno.

D Con i bambini giochiamo agli uomini primitivi, andiamo a letto e cantiamo al buio.

È una mattina di un giorno di scuola. Il tempo di uscire dall'auto e vi rubano la borsa con tutti i documenti...

A Scoppio in singhiozzi.

B Corro dietro al ladro per recuperare la borsa.

C Porto i bambini a scuola, molto nervosa.

D Andiamo tutti assieme al commissariato; se mi sbrigo la mia borsa sarà trovata più in fretta.

3 Come gestite i disaccordi tra voi e i vostri genitori?

Vostra madre vi vieta di prendere la tessera di un partito politico.

A Discutete nel tentativo di convincerla.

B Attendete la sua morte per impegnarvi politicamente.

C Rinunciate a fare politica.

D Le sorridete con una certa tenerezza e inviate la vostra adesione.

Qualche spunto di riflessione

Se c'è troppa discrepanza tra il vostro comportamento da persona adulta e ciò che vi aspettate dai vostri figli, non dimenticate che loro registreranno il vostro esempio prima dei vostri discorsi. Questo potrebbe forse farvi venire la voglia di migliorare questo o quel modo di comportarvi. E se gestire in modo non violento i vostri conflitti vi è difficile, probabilmente sarete ancora più comprensivi nei confronti dei vostri figli quando anche loro si dimostreranno maldestri, vi sembreranno aggressivi o si opporranno alle regole che avete imposto. Anche loro fanno quel che possono e sono ancora in fase di apprendimento.

1. Punti di riferimento per facilitare la vita e, a volte, proteggerla

Non si tratta di seguire le regole alla lettera senza mai derogare e senza rifletterci. Prendiamo l'esempio dei semafori: indicano un incrocio e un potenziale pericolo. Sono un riferimento.

Il **semaforo verde** permette di passare, ma questo non significa che si possa passare a tutta velocità perché se ne ha il diritto. È meglio rallentare e prestare attenzione.

Il **semaforo è rosso**? Ci si ferma all'istante. Chi può pensare di avere una visione d'insieme tale da valutare inutile un semaforo rosso? Fino a dove ci si può arrogare il diritto di considerare un limite di velocità esagerato o una regola superflua? Eppure, se il semaforo rimanesse bloccato sul rosso per un guasto elettrico, bisognerebbe decidere di passare... ma facendo molta più attenzione. Allo stesso modo, quando potrete lasciare che siano i vostri figli a stabilire che una regola domestica è diventata inutile? A che età gli permetterete di decidere di attraversare una strada, fuori dalle strisce pedonali, senza correre rischi?

Qualche spunto per un rapporto oggettivo nei confronti delle regole...

- *Non si può modificare la regola che ci infastidisce mentre la stiamo applicando*
- *Un'eccezione può essere fatta per le emergenze, per l'assistenza a persone in pericolo, in un giorno particolare, ma... l'eccezione conferma la regola (vedi la regola n. 26)*
- *Possiamo periodicamente riservarci un momento per rivedere e migliorare le regole in vigore.*
- *Quando si sceglie di disobbedire a una regola, si devono avere buone ragioni, quindi non dobbiamo nasconderci, si dev'essere pronti a spiegare perché e ad assumercene le conseguenze.*

2. Nelle situazioni impreviste, i nostri figli possono avere delle buone idee

Vi sarà probabilmente capitato di vivere insieme ai vostri figli dei disagi imprevisti (per esempio, assenza di elettricità in casa, guasto dell'auto, inondazione, chiavi perse ecc.). Non esitate a coinvolgerli nella ricerca di soluzioni, la cosa li farà sentire utili e forse sapranno anche escogitare qualcosa di inedito.
Non dimenticate di complimentarvi per il loro sangue freddo o le loro buone idee. Queste esperienze condivise possono trasformarsi in veri momenti di complicità.

3. I disaccordi tra adulti: ciascuno ha il proprio punto di vista

I vostri bambini sono molto curiosi di vedere come gestite i contrasti tra adulti. È attraverso il vostro esempio che imparano come devono comportarsi, ma non chiedete loro di schierarsi. Non è il loro ruolo arbitrare le controversie tra persone adulte, e, soprattutto se sono legati agli uni e agli altri da un rapporto affettivo, può essere per loro molto destabilizzante. Se sono stati testimoni di un conflitto, limitatevi a riparlarne con loro ma senza esprimere giudizi sugli altri adulti coinvolti: «Sai, non è sempre facile. Tutti noi abbiamo qualità e difetti, e anche punti di vista diversi».

REGOLA N. 35

I nostri figli ci ascoltano, osservano il modo in cui ci comportiamo e imparano da noi. Ci invitano a limitare le nostre contraddizioni e a volte, addirittura, ci sostengono.

CAPITOLO 6

E se li aiutassimo ad affermarsi?

La vita all'interno della famiglia è un apprendistato per la vita nella società. Quando siamo capaci di dire di no riusciamo anche a dire di sì. Il fatto di sapersi affermare, di essere assertivi, nutre l'autostima e la fiducia in se stessi e permette di migliorare le nostre prestazioni. È un circolo virtuoso. La paura, la rabbia, la tristezza sono tutte emozioni che fanno parte del nostro sistema di regolazione biologica. Inviano segnali di pericolo, di contrarietà, dell'intensità dell'attaccamento al momento della separazione. Queste emozioni innescano normalmente una reazione di autoprotezione. Lasciamo che i nostri figli ascoltino e imparino a conoscere le loro emozioni. L'empatia ci permette di dire di no rimanendo gentili. L'empatia è una abilità che consente di prestare attenzione all'altro rimanendo al tempo stesso se stessi. Coltiviamola per noi stessi e insieme ai nostri figli.

L'autonomia è la capacità di stabilire le proprie regole di condotta, tenendo conto degli altri e delle contingenze. Autonomia significa poter essere se stessi e continuare a formarsi, costruirsi anche in assenza dei genitori. Significa anche potere restare se stessi di fronte agli altri, ovvero sentirsi capaci di esprimere la propria diversità senza pudore e di esprimere un disaccordo senza essere aggressivi.

Il linguaggio delle emozioni

Quando sappiamo riconoscere le emozioni e le diverse sfumature delle parole per esprimerle, allora possiamo lasciarci animare da loro, senza allontanarle, né alimentarle. Insegnate a vostro figlio l'utilità e il linguaggio delle emozioni, gli permetterà di conoscersi meglio, lo aiuterà a comprendere le reazioni di chi gli sta vicino e a diventare più autonomo. Cominciamo col distinguere i diversi gruppi di emozioni.

La rabbia e l'aggressività, istruzioni per l'uso

La rabbia è una normale reazione che si produce quando qualcosa cambia i nostri piani o urta la nostra visione delle cose. La rabbia rilascia dell'energia che qualcuno chiama "aggressività", qualcun altro "combattività" o semplicemente "reattività". E fin qui è tutto molto normale e sano. Ma la rabbia può dominarci tutti, piccoli e grandi, lo sappiamo bene. E se cresce troppo c'è il rischio di un'esplosione, a quel punto non ci è più possibile fermarci e si finisce per oltrepassare il limite.

L'aggressività può ferire gli altri, se non riusciamo a trasformare in fretta questa energia in parole e azioni idonee. La parola "aggressione" definisce il passaggio a un atto violento, con la violazione dell'integrità dell'altro, un passaggio che consideriamo vietato. Parlate con vostro figlio della rabbia che a volte lo possiede. Insegnategli fin dalla più tenera età a sentire la rabbia che sale nel suo corpo, ad accoglierla e a seguirla nel processo: allentare la tensione della bocca, respirare o correre, perché no? Poi invitatelo a spiegare con calma ciò che non va e a descrivere la situazione e le persone che sono legate alla rabbia.

Il disgusto, il rigetto

Il disgusto è ciò che ci spinge, per esempio, a rifiutare un frutto marcio perché nocivo per la nostra salute (ribrezzo, repulsione...).

Usiamo le parole giuste

Il linguaggio dei giovani talvolta è limitato e può generare equivoci. L'espressione «Fa schifo!», per esempio, è spesso usata indistintamente per ogni tipo di emozione, sentimento o giudizio. «Ma come si veste, fa schifo!». Correggiamo, se possiamo, perché un compagno che non si veste come noi non fa schifo, ha semplicemente gusti diversi dai nostri. E questo non è un dato negativo, e soprattutto non è un buon motivo per respingerlo.

Lo stupore, la sorpresa, la curiosità

È anche grazie allo stupore se cerchiamo sempre di scoprire ciò che è nuovo, capire ciò che è diverso e imparare ciò che non conoscevamo, anche se troppa sorpresa può essere destabilizzante.

La delusione, la tristezza

Il disgusto non ha niente a che fare con la delusione per un brutto voto o con la tristezza di fronte a un amico che va a vivere lontano da noi. La tristezza è una reazione naturale quando perdiamo una persona cara o veniamo separati da un amico, quando ci sentiamo delusi o traditi. Se è il vostro caso, non confidate soltanto sulla volontà. Accogliete la vostra tristezza e la vostra fragilità. Ci vuole tempo e conforto per accettare questa nuova realtà e per continuare a vivere con quel nuovo dolore. Accettate le attenzioni e le cure di chi vi è vicino e prendetevi cura di voi. Se vostro figlio è triste, non ha bisogno di essere scosso, ha soltanto bisogno di essere confortato.

La gioia

Quando si è felici, tutto è più facile perché è il segno che i nostri bisogni sono stati soddisfatti e le nostre relazioni sono armoniose. Il che fa nascere il desiderio di condividere e mantenere questo stato.

La paura

La paura è quell'emozione che permette di sentire il pericolo, tiene all'erta e invita a prendere rapide decisioni per proteggere noi e i nostri cari. La paura genera un'energia che ci spingerà a fuggire, se necessario, perché si tratta di salvarsi, in tutti i sensi della parola. Ma una paura eccessiva può anche paralizzare. Scoprirete con la regola che segue come insegnare a vostro figlio ad ascoltare e superare la paura.

REGOLA N. 36

**Insegnate ai vostri figli il linguaggio delle emozioni.
L'emozione è una reazione sana, esprime un bisogno.
Noi siamo responsabili del modo in cui risponderemo
a questo bisogno e terremo conto dei bisogni degli altri.**

La paura protegge dai pericoli

Tendiamo a vivere nel mondo dei sogni, ma vostro figlio prima o poi, dovrà affrontare dei pericoli, resistere ai ricatti, proteggersi dagli abusi, dal bullismo per esempio, e dalle manipolazioni, resistere alle intimidazioni o rifiutare le azioni immorali.

La paura serve

La paura fa parte del nostro kit di sopravvivenza. È dunque un buon segnale se, a 6 anni, vostro figlio corre a nascondersi quando è spaventato. Quando diciamo che un bambino non ha paura di niente, in effetti ci preoccupiamo che la sua disattenzione e la sua eccessiva sicurezza possano metterlo in pericolo

Chi non ha paura non ha bisogno di coraggio

La paura non è una cosa da bimbi piccoli. Aung San Suu Kyi, premio Nobel per la Pace nel 1991, parlava così della paura e del coraggio ai suoi amici: «Avete bisogno di buone ragioni per avere paura. Chi non ha paura non ha bisogno di coraggio. I coraggiosi sono coloro che, malgrado e con quella paura, fanno ciò che ritengono giusto».

La paura può intrappolarci

La paura può paralizzare chi non riesce a rimanere abbastanza lucido e a superarla. Considerate quindi le vostre inquietudini come segnali di allerta e trasformatele in una forma di attenzione e in una misura di protezione. «Mi sento inquieto, respiro a fondo e resto vigile: cosa sta realmente succedendo? C'è un vero pericolo? Cosa potrebbe rassicurarmi? Chi può aiutarmi?».

Educate vostro figlio ad ascoltare la paura

Un bimbo di 18 mesi avrà soprattutto bisogno di rifugiarsi fisicamente nel grembo dell'adulto che lo protegge. Se un ospite sconosciuto gli fa paura, con quegli occhiali o quella voce grossa, non dovete obbligarlo a salutarlo fin da subito. Il vostro bambino ha bisogno di tempo per abituarsi a questo "intruso". Tenetelo in braccio mentre salutate con calore l'invitato. Ben presto, attraverso espressioni del volto, sorrisi e piccoli gesti, il bambino capirà che si tratta di un amico con il quale può anche giocare (oppure no!).
Se vostro figlio ha 5 o 6 anni potete aiutarlo a riconoscere le manifestazioni fisiche delle proprie emozioni. Usate parole semplici e dategli dimostrazioni concrete, per esempio come sentire con le mani il suo stomaco annodato. Invitatelo poi ad agire sul suo corpo: respirare a fondo, abbassare le spalle, lasciare che i muscoli si distendano e così via. Non rimproveratelo per la paura che prova e cercate di rimanere calmi, perché è soprattutto la vicinanza della vostra voce e dei vostri gesti rassicuranti che placheranno il bambino. Dategli tempo.
Il vostro bambino di 9 anni si è avventurato lungo un sentiero a picco e ora ha le vertigini? Oppure, è andato al Luna Park, ha deciso di seguire i cugini al "Teatro dell'orrore estremo" e ora si tira indietro? Rassicuratelo, ditegli che ha tutto il diritto di cambiare idea su qual-

cosa senza doversi vergognare. Impedite agli altri di prenderlo in giro. In seguito, cercate insieme una "prova", qualcosa che si sentirà di affrontare senza troppa ansia, ma comunque abbastanza difficile da fargli gustare il piacere di superare se stesso...

Non tutte le paure sono uguali

Se vostro figlio ha avuto paura di affrontare una data situazione, invitatelo a rifletterci appena possibile: «Di che cosa avevi paura?». Un bambino può avere paura del buio, di essere sgridato, di deludere il nonno, oppure può temere le proprie reazioni imprevedibili, come, per esempio, scoppiare a piangere davanti ai compagni. Cercate di capire insieme che cosa può rassicurarlo in futuro e aiutatelo a scegliere l'atteggiamento adeguato: a seconda delle forze in campo e della posta in gioco, si tratterà di evitare, adeguare o dominare l'ostacolo.

Le paure non dette mettono radici

Se certe circostanze (un incendio, un incidente, un'aggressione) hanno portato il bambino, in preda al panico, a tacere e a tenersi dentro la paura molto a lungo, i danni che questo determina dentro di lui saranno piuttosto seri e ci sarà bisogno di molta cura e attenzione per poterli riparare. Un piccolo incidente può risvegliare una grande paura non ancora metabolizzata. Il bambino ha bisogno di capire che cosa gli succede e di identificare ciò che sente. Dite a vostro figlio che è normale che abbia paura e che c'è bisogno di tempo per farla andare via. Fategli notare che quel che è successo oggi lo ha riportato con la mente al brutto momento vissuto, ma che quel brutto momento non si ripresenterà, oggi. Riportatelo alla realtà del presente e a ciò che dipende da lui e da voi.

Come dominare la paura?

L'arrampicata, per esempio, è un'ottima scuola per riuscire ad addomesticare la paura. Esistono anche giochi e attività teatrali per allenarsi a gridare «Fermati!» senza rimanere senza voce, per allenare la concentrazione, per raccogliere le forze e dimostrare quanto si è determinati.

Non giochiamo con le paure del bambino

Per noi adulti, genitori, educatori o insegnanti, talvolta è molto facile abusare del potere che abbiamo. Evitiamo di usare la paura di essere puniti o di ricevere un brutto voto per ottenere dai nostri ragazzi ciò che desideriamo.

Anche Il bambino ha paura e talvolta, segretamente, teme di farci pena. Quindi non alziamo troppo l'asticella, altrimenti rischiamo di aggiungere alla paura dell'ostacolo anche la paura del fallimento. Evitiamo il ricatto affettivo e semmai motiviamo il bambino ad andare verso un obiettivo per lui raggiungibile.

REGOLA N. 37

La paura è indispensabile per la nostra sicurezza.
Ascoltate le vostre paure e quelle del vostro bambino.

Aiutate il vostro bambino a dire di no con gentilezza

Sviluppare la sua empatia

Certe persone non ascoltano abbastanza né le loro emozioni né quelle di chi hanno accanto. Altre, al contrario, assorbono le emozioni degli altri come spugne.

L'empatia è mantenere la giusta distanza tra i due poli: è la capacità di tenere conto dell'emozione e del punto di vista dell'altro, senza confonderlo con il proprio vissuto e il proprio punto di vista. L'empatia è un'attitudine che si sviluppa normalmente sin dalla più tenera età. In una prima fase l'empatia è centrata su se stessi: «Faccio all'altro ciò che vorrei facessero a me».

Per esempio, Margot piange, Léon le presta il proprio peluche. Poi Léon riesce a centrarsi sull'altro: Margot piange, è il *suo* peluche che le farebbe bene. Léon glielo porta, ma tiene il proprio per sé, anche se la piccola li vorrebbe entrambi. L'empatia, infatti, non impedisce di resistere ai desideri dell'altro, se questo esagera.

Imparare a dire di no a sorelle o fratelli

Oscar e Elena discutono come fanno molti fratelli e sorelle. D'istinto il padre si rivolge al più grande, ma poi si accorge che la sorellina ne approfitta abbondantemente e che il fratello più grande cede un po' più velocemente alle pretese dalla bimba. Non è raro infatti che il

maggiore si lasci intenerire da una sorellina (o da un fratellino). Oscar forse ha pensato che un grande deve sempre essere gentile con i più piccoli. E poi ama molto sua sorella Elena.
Oscar deve imparare ad ascoltare la sua "piccola voce interiore". A volte è stupido dire di no, ma qualche volta è meglio avere il coraggio di farlo: «Ferma Elena, mi fai male!», «No, Elena, tocca a me!». Oscar potrà resistere serenamente alle pretese di Elena se sentirà di essere nel giusto. Insegnate quindi alla piccola sorellina ad accettare e rispettare i rifiuti del fratello maggiore e a lasciarlo in pace. E viceversa, ovviamente.

REGOLA N. 38
Insegnate ai vostri figli a dire di no, rimanendo sempre gentili. Non caricate di troppa responsabilità il figlio maggiore ed esigete il rispetto anche dai più piccoli.

Imparare la diversità

È molto difficile per un bambino avere il coraggio di non piacere ai compagni e superare l'ansia di venire rifiutato. Per sentirsi riconosciuto dagli amici e per sentirsi parte del gruppo, un bambino tende ad adottare i codici di quel gruppo: un certo modo di portare il ciuffo, di indossare il berretto, di camminare, di tenere le stringhe slacciate e così via. E fin qui si sorride. Diventa invece preoccupante se, per poter rimanere all'interno del gruppo, il bambino è costretto a conformarsi alle regole dettate dal leader, al punto di fare scelte che non condivide, che vanno contro il suo interesse o che lo mettono in pericolo.

JULIE, 10 ANNI

Julie ha 10 anni e frequenta la quinta elementare. Sua madre guarda uno dei suoi compiti di matematica e dice: «Hai preso la sufficienza, d'accordo, ma penso che avresti potuto fare di meglio con questo esercizio, perché l'anno scorso lo sapevi fare benissimo. Cosa ne pensi?». Risposta della bambina: «Non voglio perdere i miei compagni. I secchioni sono mal visti nella mia classe».

Se è così difficile sottrarsi ai codici della maggioranza, è perché il fatto di distinguersi, di apparire diversi, non solo crea negli altri un moto di stupore ma spesso anche molta diffidenza e a volte una gelosia più o meno mascherata. E questo può portare a un vero e proprio rifiuto. La paura del bambino di perdere gli amici, se mostra una qualche differenza, può avere reali e concrete ragioni. Il bambino ha un bisogno vitale di riconoscimento. Se si accorge che la diversità è oggetto di derisione, e non è stato abituato a confrontarsi con altre culture, avrà il timore di diventare lui stesso uno "straniero" per quelli a cui è legato.

Viva le differenze!

Date quindi ai vostri figli l'opportunità di frequentare gruppi diversi e con persone differenti tra loro: giovani e anziani, cinesi o arabi, credenti o atei, del più lontano paesino o del quartiere vicino, bambini del centro estivo o di un'altra scuola.
I bambini sentono piuttosto presto di essere autorizzati o meno a essere originali, imparano presto a fare scelte personali e ad accettare con ironia e leggerezza la propria diversità... che si sia piccoli o grossi, neri o rossi, ragazza o ragazzo, che si abbiano gli occhiali, un brufolo sul naso o un handicap serio.
Questo non eviterà qualche normale regressione o di attraversare momenti delicati, in particolare durante l'adolescenza, ma l'apprendimento della diversità in ogni caso getta i semi della tolleranza e dell'accettazione di sé.

REGOLA N. 39

Incoraggiate le peculiarità individuali e la diversità: accogliete a casa vostra tutti i compagni dei vostri figli.

Aiutate i giovani a coltivare l'autostima

Stimare se stessi significa considerarsi degni di rispetto, qualunque siano le proprie qualità e i propri difetti. Significa anche apprezzarsi, sapersi valutare, cercare i propri punti di forza che permettono di progredire e riconoscere i punti deboli su cui lavorare.

Autostima o eccesso di narcisismo?

L'autostima, spiega Philippe Meirieu[1], non è l'adorazione di se stessi, che è la chiave della manipolazione pubblicitaria sul bambino e sui giovani: «Tu sei il centro del mondo e non esisti se non possiedi le giuste marche di vestiti, i prodotti tecnologici più sofisticati, i videogiochi di ultima generazione e così via». Il solo fatto di possedere l'oggetto adorato porta ad adorare se stessi... e a pensare che tutto ci sia permesso. Succede che nelle scuole le ragazze inizino la giornata con un rituale che consiste nel calcolare il totale in euro delle scarpe da ginnastica firmate, dei jeans, dei gioielli e della giacca che indossano quel giorno: «Quanto vali?». Al di là del costo dei loro accessori, che occulta anche il valore affettivo degli oggetti, non è forse questa una sorta di mercificazione dei loro corpi e di loro stesse? E come dovrebbero reagire le ragazze che non hanno la possibilità di indossare abiti di marca?

[1] Docente di pedagogia e scienze dell'educazione. Dalla prefazione al libro di Dalith Meram, *Favoriser l'estime de soi à l'école,* ed. Chronique sociale, 2006.

Una fabbrica di perdenti

Non tutti possono essere star. Sentendosi così lontani dai loro modelli, certi giovani arrivano a detestarsi, altri invece reagiscono con le provocazioni. Come fa notare Daniel Pennac: "Giocheranno nel cortile dei somari"[2]. Non riuscendo a farcela secondo i criteri della scuola, si impegnano a eccellere... tra i meno virtuosi. E la sensazione di successo che provano compensa provvisoriamente la stima di se stessi. Provvisoriamente, perché il circolo vizioso è lì dietro la porta, è chiaro.

I limiti della competizione

La competizione, che spinge a diventare i migliori a qualunque costo, può essere pericolosa. Presenta tre inconvenienti principali.

- Incita a schiacciare gli altri per avere successo.
- Per il bambino è fonte di grande ansia essere lodato perché è arrivato per primo: quando sarà solo secondo o terzo avrà paura di non essere più amato nello stesso modo.
- Infine, il confronto con gli altri non ha mai motivato chi non ce la fa. Se quel che si chiede al più piccolo è di fare altrettanto bene del maggiore, la sfida può sembrargli già persa in partenza. Il più grande sarà sempre il migliore nel suo campo, considerato il suo vantaggio irriducibile in termini di anni di esperienza. A questo punto, tanto vale gettare la spugna e andare a cercare altrove...

Come coltivare l'autostima?

La competizione con se stessi permette di superarsi e di fare meglio della volta precedente. È importante complimentarsi con un bambino

[2] In *Chagrin d'école*, ed. Gallimard, 2009 (ed. it. *Diario di scuola*, Feltrinelli, 2010).

per i suoi sforzi e per i suoi progressi: gli fa sentire un senso di orgoglio molto benefico. Ma a condizione che non venga denigrato il giorno in cui sarà meno in forma. Dare al bambino, e poi aiutarlo a darsi da solo, obiettivi realistici e raggiungibili significa inscriverlo in una dinamica positiva con una probabilità non trascurabile di riuscita. Può cominciare, per esempio, col vestirsi da solo, tranne chiudere i bottoni, naturalmente. A 6 o 7 anni un bambino potrà cimentarsi da solo a cucinare una ricetta semplice. Non sottovalutate le capacità dei vostri figli, accettate un margine d'errore e date loro la possibilità di esercitarsi, di individuare e descrivere le loro competenze. Valorizzate le loro qualità, senza fare confronti. Abituateli a imparare dagli errori senza discriminazioni né giudizio morale. Invitateli a descrivere con semplicità questi errori, a spiegarli e correggerli. Potranno così valutarsi e apprezzarsi come persone che stanno imparando e si stanno applicando per progredire.

IO IMPARO DA SOLO

Anouchka, 3 anni e mezzo, spiega alla nonna che ormai sa versare l'acqua nel bicchiere senza rovesciarla. Ha imparato che non deve farlo velocemente perché altrimenti l'acqua fuoriesce. E quando la brocca è troppo piena, non ci riesce. «Ma per la mia età va bene così» conclude.

REGOLA N. 40

Troppa competizione fa male. Aiutate vostro figlio a coltivare una buona autostima, offrendogli occasioni per progredire. Invitatelo a fare del suo meglio, a misurare le sue competenze, ad apprezzare le sue qualità e a riconoscere, senza farne un dramma, gli errori da correggere.

Non ti aiuterò sempre

A forza di essere aiutato, assistito, tenuto al riparo sotto una campana di vetro, il bambino rischia di dimenticare di essere capace di fare da solo. Nel tentativo di evitare che il bambino abusi della propria libertà, gli impediamo di farne un buon uso.
Ciononostante, troppa libertà è un grande peso sulle spalle di un bambino e, in tal caso, imparare a essere autonomo diventa impossibile. Fate attenzione ai passaggi, guidate vostro figlio senza opprimerlo.
La pedagogista Maria Montessori ha descritto le aspettative dei bambini nei confronti dei loro educatori con questa celebre frase: «Aiutami a fare da solo». Ecco due esempi semplici che mostrano come accompagnare i bambini verso una maggiore autonomia.

SABINE, 9 ANNI, ORGANIZZA UNA FESTA

Sabine vuole fare una festa con i suoi compagni. I suoi genitori le propongono di fare dei dolci, di mandare gli inviti, di preparare dei giochi. Ovviamente l'aiuteranno nella scelta delle ricette, nell'organizzazione, nella ricerca degli indirizzi e nella scelta dei giochi.

MARGARET, 11 ANNI, IMPARA A GESTIRE IL SUO TEMPO

Margaret è arrivata in prima media. Ha 11 anni. Dalla prima settimana i suoi genitori controllano i compiti a casa, i moduli da riportare, il contenuto dello zaino, l'organizzazione del tempo dedicato allo studio. Duran-

te le settimane successive le lasciano un po' di spazio: si limitano a verificare che i compiti siano stati fatti ma senza controllarli. Il mese dopo chiedono regolarmente a che punto è con i compiti, ricordandole l'ora. In seguito non intervengono più per aiutarla tranne quando non è la bambina a chiederlo. Hanno comunque cura di fare un piccolo bilancio con Margaret quando arrivano i voti.
La vita familiare è più serena, la vita scolastica di Margaret più centrata sulla relazione con gli insegnanti e i suoi compagni di classe. Con i genitori ci sono tante altre cose da fare e discutere!

Poco alla volta lasciate che vostro figlio gestisca da solo, come un adulto, un ambito della sua vita quotidiana, e poi un altro. Non lo farà alla perfezione, certo. Avrà sempre bisogno del vostro aiuto ma perderà l'abitudine di considerarvi come la sua stampella permanente. Lo aiuterete soltanto dopo avere verificato che abbia imparato a sbrigarsela senza di voi.

REGOLA N. 41
Mostrate la strada a vostro figlio e, prima di lasciarlo guidare da solo, praticate la guida accompagnata.

TEST

La parola, uno strumento per affermarsi

La parola gioca un ruolo cruciale quando dobbiamo venir fuori da una situazione aggressiva. Se assumiamo il ruolo della vittima, lasciandoci trattare come un oggetto, rafforziamo la posizione di aggressore dell'altro. Al contrario, se continuiamo ad affermarci, opponendoci con le parole, gli diamo una possibilità di esercitare la sua empatia e di risvegliare la sua umanità.

IMPARARE A OPPORSI

Jordan ha 10 anni. Nello spogliatoio della sua associazione sportiva, un ragazzo gli ha chiesto di dargli il suo telefono. Jordan non ha ceduto, sebbene non si sentisse sostenuto dagli altri. Ha ripetuto a voce alta: «È il mio telefono e me lo tengo!». Jordan ha resistito a quest'aggressione affermando il proprio disappunto.

Parlare per difendersi

Un altro esempio, una nota dell'insegnante sul diario di scuola di una bambina di 9 anni: «Lezione non imparata. Clara non si impegna!». Fortunatamente questa bambina è riuscita ad affermarsi davanti alle domande dei genitori: «Ma io ho studiato quella lezione, ve lo assicuro. È che non ho capito la domanda!». Nella stessa situazione altri bambini sarebbero rimasti in silenzio, avrebbero seppellito nei loro cuori quest'accusa infondata e forse smettendo di fare sforzi che poi non verrebbero loro riconosciuti. Preparate i vostri bambini ad affrontare qualche rischio, insegnate loro, nelle molteplici occasioni della vita quotidiana, a esprimere con chiarezza ciò che pensano.

Aiutate vostro figlio a dire di sì... o di no

Come dotare i vostri figli di parole e determinazione? In quale occasione e in quale contesto dovrete dire sì o no? Dipende!
Lo scopo di questo test è di invitare vostro figlio a riflettere proprio su questo: da cosa dipende? Sentitevi liberi di adattare l'esercizio alla sua età e di scegliere situazioni che rispecchiano al meglio la sua esperienza. Potete anche proporgli di rifletterci con un altro adulto fidato: padrino, vicino di casa, nonna... può essere più facile per lui, specie quando si tratta di parlare della relazione con i genitori.
Prima di iniziare, spiegate a vostro figlio che dovrà ascoltare le domande e poi rispondere in modo spontaneo: sì o no? Invitatelo poi a immaginare le conseguenze della sua risposta: che succede se dice di sì? O se dice di no?

1 Quale sarebbe la mia risposta nelle situazioni seguenti?
A Un compagno mi domanda se voglio andare a casa sua.
B Il cane vuole salire sul divano.
C La vicina si stupisce: «Non sei a scuola, oggi?».
D Il mio amico mi dice: «Ti ho portato un regalo, lo vuoi aprire?».

2 A volte bisogna fare attenzione a se stessi.
A Mio cugino m'invita: «Vieni a pescare con me al fiume...».

B Mia sorella vuole darmele.

C Il vicino mi consiglia di attraversare fuori dalle strisce pedonali per fare prima.

D Un amico simpatico mi dice: «Ti insegno ad accendere un fuoco».

3 Bisogna tenere i segreti per sé?

A Quando si prepara una sorpresa per il nonno.

B Quando la nonna ha una grave malattia.

C Quando ho sentito quanti soldi guadagna mio padre.

D Quando gli adulti mi fanno arrabbiare.

E Quando mia sorella ha combinato un guaio.

F Quando ho visto mio cugino più grande con la sua ragazza.

4 Non voglio avere fastidi. Rispondo sì o no quando...

A Papà mi dice: «Non devi farmi vedere la pagella?».

B La mamma mi chiede: «Hai rotto tu la caffettiera?».

C Mio fratello mi minaccia: «Non dirlo a nessuno, altrimenti...».

D Un compagno entra in camera mia e dice: «Spero non ti dia fastidio».

5 Non vorrei causare dispiacere.

A Al nonno che si preoccupa: «Mi trovi molto vecchio?».

B A mio zio: «Ti piace il mio regalo?».

C Alla vicina: «Mi puoi aiutare a sistemare la legna?».

D Alla mamma: «Accompagneresti tua sorella alla ludoteca?».

6 A volte è più difficile.

A Un ragazzo a scuola mi chiede di fargli una commissione, dice che dopo mi darà dei soldi.

B I miei compagni vogliono che io batta questo record: mangiare la striscia più lunga di liquirizia.
C I miei cugini vogliono che io mi alzi la gonna.
D I miei compagni mi dicono: «Se sei un uomo, fuma una sigaretta».

7 Gli adulti non possono capire...
A Non ho più fame, ma mia zia continua a servirmi altro cibo.
B La maestra dice che ho copiato.
C Mia madre dice che quei pantaloni fuori moda, che erano di mia cugina, dovrebbero starmi bene.
D La nonna resta nella stanza mentre mi vesto.

Qualche spunto di riflessione

Allora, sì o no?

Ascoltate attentamente le argomentazioni di vostro figlio senza fargli la morale. Scoprirete che a volte si trova in mezzo a veri conflitti di lealtà. E molti bambini riflettono molto più di quanto diano a vedere. Quando si dice di sì o di no semplicemente per non ferire i sentimenti di qualcuno è sicuramente una cosa molto dolce, ma sino a che punto è giusto farlo? E sino a che punto è un bene per lui? E per l'altra persona?
Quando discutete di questo con vostro figlio, non dimenticate che non siete al posto suo, è lui che subirà le conseguenze delle sue scelte. Esprimetegli comprensione: «A volte è difficile dire di no alle richieste ingiuste degli adulti, che hanno sempre l'aria di sapere ciò che è bene per te. Non è facile nemmeno rifiutare i confronti tra te e il tuo fratello maggiore o la tua sorellina... ma voi siete tutti diversi!»
Parlate anche, con il vostro bambino, di come trovare il coraggio di dire di no.

SCRIVO CIÒ CHE NON HO IL CORAGGIO DI DIRE

Agata, 10 anni, ha scoperto come superare la sua timidezza o la sua paura di non piacere: «Quando ho paura di dire ciò che penso a qualcuno della mia famiglia, mi preparo mentalmente. A volte scrivo su un foglio di carta ciò che vorrei avere il coraggio di dire».

Se leggete il francese potete procurarvi il libro *J'ose pas dire non*[1], potrà esservi d'aiuto e interessare i vostri figli. Si rivolge ai giovani dai 10 anni in su, con esempi che si rifanno a ciò che essi vivono e dialoghi adattati a loro.

REGOLA N. 42

Nella vita è molto importante saper dire di no per esprimere ciò che si vuole. Resistere, proteggersi, farsi rispettare. Rispettando anche gli altri.

[1] Christine Laouénan, *J'ose pas dire non*, ed. de La Martinière Jeunesse, 2009.

CAPITOLO 7

Non ci sono solo i genitori nella vita

La famiglia si evolve, spesso si ricompone, con nuovi rapporti di parentela e modelli educativi che cambiano.

Genitori naturali, genitori adottivi, acquisiti, nonni, zii e zie, insegnanti, educatori... Quanti adulti intervengono di fatto nell'educazione di un bambino! Come può fare questo bambino quando tutti questi adulti non sono d'accordo tra loro?

Peraltro, non è scontato per i genitori accettare che altri adulti rimproverino i loro figli. Come riuscire a mantenere la rotta sotto lo sguardo, spesso inquisitorio, di vicini o insegnanti? Non è nemmeno semplice esercitare la propria autorità sui bambini degli altri. Detto questo, è sempre una grande opportunità poter contare su altri adulti e su altre risorse: i genitori non sono i soli a dover educare i piccoli esseri umani che hanno messo al mondo.

L'autorità dei genitori acquisiti nella famiglia allargata

Le famiglie allargate, sempre più numerose, cambiano molto gli equilibri in fatto di educazione e autorità. Non è sempre semplice da gestire né nel quotidiano, né a livello legislativo.

CAROLINE, 34 ANNI

«I miei figli fanno fatica ad accettare che io permetta ai figli di mio marito, che sono più piccoli, cose che vietavo loro quando avevano la stessa età. Ma devo tenere conto delle abitudini che hanno con la loro madre biologica e non criticarle».

Un atteggiamento morbido è senza dubbio più saggio di quello di questa madre acquisita che dichiara irritata: «Ha viziato suo figlio così tanto che non si può vietare nulla a quel bambino. Crede che tutto gli sia permesso».

Una cornice solida per il bambino

I conflitti che portano i genitori a separarsi spesso lasciano sugli ex coniugi dei segni che si ripercuotono, a volte inconsapevolmente, nella relazione genitoriale, anche se si dichiara a gran voce — e con sincerità — che la coppia genitoriale è conservata. Quando i conflitti sono accesi, la separazione totalmente autogestita può essere una trappola, mentre quella legale ha il vantaggio di offrire una maggiore stabilità ai bambini e regole precise, stabilite da una figura professionale che ne garantisce la sicurezza e che è libera da pregiudizi. Il che evita al bambino di diventare oggetto di incessanti e dolorose trattative, con il rischio di trovarsi sballottati tra i desideri degli uni e le decisioni degli altri.

Ogni situazione è un caso a sé

Quanti anni aveva il bambino quando i suoi genitori si sono separati? Che tipo di legame e quali abitudini aveva nei confronti di ognuno di loro? Conosceva già la persona che è poi diventata la compagna o il compagno del genitore naturale? Lo stesso vale quando uno dei genitori è deceduto. Certi preadolescenti hanno dei ricordi così belli e forti del loro padre da non poterlo sostituire con il patrigno. Anche se il patrigno contribuisce a portare un nuovo equilibrio. Altre volte i bambini molto piccoli "adottano" spontaneamente una nuova mamma senza per questo cancellare la prima, la cui foto resta esposta in un luogo importante della casa. E questi bambini rimangono disorientati da certe domande di chi li circonda, come quella bimba a cui un medico chiedeva se avesse problemi con la nuova mamma. La piccola non capiva di cosa stesse parlando.

Su cosa si fonda l'autorità di un genitore acquisito?

I conflitti che sempre più spesso si verificano tra genitori e genitori acquisiti obbliga ad adattare il quadro legislativo che stabilisce i diritti degli uni e degli altri. E i nostri rappresentanti fanno fatica a discutere serenamente attorno alle evoluzioni del diritto di famiglia,

considerato quanto l'argomento tocchi da vicino migliaia di potenziali elettori. Per poter essere esercitata serenamente, questa autorità deve essere istituita e riconosciuta dalle persone coinvolte.
In Italia la legge prevede, in caso di separazione o divorzio dei genitori, l'affido condiviso che prevede che i genitori cooperino condividendo la responsabilità genitoriale. Nel caso in cui uno o entrambi i genitori abbiano un nuovo compagno o una nuova compagna, sarà più chiaro e più rassicurante per il bambino se l'autorità del genitore acquisito gli viene simbolicamente trasmessa da uno o da entrambi i genitori naturali. In quest'ottica, quando un padre separato sente che i propri figli hanno bisogno di spiegazioni, potrà chiarire tranquillamente come intende debba essere il loro rapporto con la sua nuova compagna: «Quando Isabelle si occupa di voi, è a lei che dovete obbedire». Inoltre, indipendentemente dai conflitti esistenti tra gli adulti, sarebbe opportuno che la madre fosse in grado di indicare ai figli: «Quando andate da papà e Isabelle, sono loro a sapere e stabilire ciò che è bene per voi».
Affinché il bambino si senta al sicuro, gli adulti interessati si metteranno d'accordo nel miglior modo possibile su come gestire le questioni legate alla scuola, ai compiti, al tempo libero, alla salute, all'abbigliamento e così via.
L'organizzazione familiare dovrà essere spiegata ai bambini, ma anche agli insegnanti, ai medici, agli allenatori e a chiunque sia coinvolto nell'educazione dei piccoli.

La complicità con i vostri bambini acquisiti

Tutto sta nella cura che metterete nella relazione con quel bambino, che non è vostro figlio naturale, ma che adesso fa parte della vostra famiglia. Cercate di trovare momenti di complicità che possano trasformare questa relazione in qualcosa di unico: a seconda delle età e delle famiglie, potrà essere una lezione di musica la domenica sera, il fatto di aiutarlo con i compiti, la condivisione delle ricette di cucina, un taglio di capelli e via dicendo. L'"adozione" non è naturalmente reciproca. Bisognerà lasciare del tempo al bambino, che non ha avuto la possibilità di scegliere, per metabolizzare la nuova situazione.

Cautela

Se, in qualità di genitore, avete ragioni oggettive di credere che vostro figlio sia vittima di abusi o maltrattamenti nell'"altra casa", è opportuno rivolgersi a professionisti — come un giudice tutelare — che dispongono di tutti gli strumenti per intervenire.

REGOLA N. 43

È sbagliato denigrare gli altri adulti perché
volete essere considerati, voi stessi, un riferimento.
La chiarezza e l'affermazione tranquilla di sé,
permettono una relazione serena col bambino.
Relazione che si costruisce e si mantiene...
con delicatezza e autenticità.

A casa dei nonni

Dai nonni non si fa come a casa! Il bambino sa che ci sono principi che valgono ovunque, ma che certe regole sono legate al luogo in cui si è. Ciò che è consentito dai nonni non lo è necessariamente a casa. Non vogliamo dire che sia peggio qui e meglio là, ma dopo un soggiorno dai nonni a volte c'è bisogno di ribadire le regole del gioco. Certi bambini, di solito sereni sia dai nonni sia a casa con i genitori, si comportano in maniera diversa quando gli uni e gli altri sono insieme: combinano guai e diventano addirittura aggressivi. Due spazi che si sovrappongono di colpo, con regole ben distinte. Quali si applicano ora? A chi fare riferimento? Se il bambino mostra un lato diverso della personalità a seconda delle persone con cui si trova, quale adotterà quando tutti saranno insieme nello stesso momento? Sono passaggi complicati... Se avete un conflitto con i vostri genitori, non chiedete ai bambini di schierarsi. L'abbiamo già detto, non è il loro ruolo e non è nemmeno un bene né per loro, né per gli adulti coinvolti. Se affidate vostro figlio ai vostri genitori, spiegate loro le sue abitudini, i suoi desideri e le sue inquietudini. E date loro fiducia, anche se non è tutto perfetto.

REGOLA N. 44

Genitori, lasciate che i vostri bambini costruiscano dei bei ricordi dai nonni, li accompagneranno tutta la vita. Nonni, i vostri figli sono adulti responsabili per i loro figli.

Chi crede di essere, non è mio padre!

Nell'ambiente in cui cresce il bambino, chi è coinvolto nella sua educazione? Quando viene invitato a casa degli zii, quali sono le regole da seguire? Quelle di casa sua o quelle della casa che lo ospita?

UNA QUESTIONE DI AUTORITÀ RICONOSCIUTA

Lucie, 12 anni, è con la mamma dagli zii. Durante il pranzo, Lucie continua a giocare con lo smartphone. Lo zio le fa notare che da loro nessuno usa il cellulare a tavola. La bambina mette su il broncio. Lo zio spiega con calma che se continua a usarlo, sarà costretto a confiscarglielo. Qualche minuto dopo Lucie riprende il cellulare, cercando ingenuamente di nasconderlo sotto la tovaglia. Lo zio le tende una mano con calma e decisione. La bambina gli consegna il telefono, poi inizia a tenere il muso. Sua madre le dice che tutti gli adulti intorno al tavolo sono d'accordo su questo punto. Alla fine del pasto, lo zio le restituisce il telefono con una parola affettuosa. Lucie e la madre tornano a casa e riparlano dell'accaduto. Lucie non discute la regola, dice soltanto, ancora innervosita: «Chi crede di essere, non è mio padre!».

Non è in questione lo smartphone ma il riconoscimento da parte di Lucie dell'autorità di suo zio su di lei. Probabilmente avrebbe preferito dover affrontare soltanto sua madre, ma sua madre ha mostrato di essere solidale con il cognato e Lucie ha potuto constatare che il punto di vista di sua madre era condiviso da altri adulti.

E voi, accettate che vostro cognato s'intrometta nell'educazione di vostro figlio? O siete disposti a farlo solo se la pensa esattamente come voi? Oppure, accettate che a casa sua vostro cognato faccia rispettare le regole che reputa opportune anche ai figli dei suoi ospiti e anche se avete punti di vista divergenti su questo o su quello? E voi, come vi comportate con i figli degli altri?

Le altre figure maschili intorno al bambino

A scuola, a casa, all'asilo, l'entourage del bambino è spesso popolato da figure femminili. Non è importante, soprattutto per i bambini il cui padre è assente, lontano o deceduto, che vi siano altre figure maschili positive attorno a lui? In molte società, in particolare in Africa e in Oceania, tutti gli adulti hanno il dovere di crescere i bambini della loro comunità.

REGOLA N. 45

**Se l'educazione è un patrimonio importante
che viene trasmesso al bambino, possiamo solo gioire
del fatto che più persone stiano contribuendo a questo, no?**

Gli adulti di passaggio

I bambini non scelgono genitori, zii o insegnanti, ma è importante che i possano scegliere altri referenti, spesso transitori, che chiameremo "adulti di passaggio"[1]. Questi adulti contano molto nella vita dei vostri figli, ma non sono vostri rivali. Permettono ai bambini di avere un supporto quando la relazione con voi è in crisi e vi sentite impotenti. Sono figure di passaggio e per questo i vostri figli potrebbero confidarsi più volentieri con loro, al riparo da ansie e controversie familiari. E le confidenze di questo periodo della loro vita non resteranno incise nella saga di famiglia.

UN INCONTRO FELICE

Ne avevo abbastanza dell'atmosfera che si respirava a casa e a scuola non mi sentivo motivato. Preferivo le marachelle allo studio. E poi, un anno, ho avuto un professore di educazione fisica fantastico, molto vicino a noi senza essere davvero un compagno. Mi ha ispirato subito fiducia. Peraltro era molto esigente, ma dava consigli incoraggianti. Abbiamo avuto scambi interessanti sulla vita, scambi che non avrei mai potuto avere con i miei.

REGOLA N. 46

Considerate una fortuna la presenza di altri adulti accanto ai vostri figli, siano essi esterni alla famiglia, educatori o "adulti di passaggio".

[1] Definizione di Jean François in *Profs, parents: démission impossible,* Ramsay, 2003.

Sotto lo sguardo degli altri

Vi è mai capitato di essere su un treno o da qualche altra parte, e di dover subire le crisi di vostro figlio che, stanco per il lungo viaggio o infastidito per lo spuntare dei primi dentini, inizia a piangere a dirotto come un disperato?
Siete stati davvero dispiaciuti per quell'inconveniente e vi siete sentiti impotenti di fronte al malessere del vostro bambino, che non siete riusciti a consolare... Che cosa avreste potuto fare?

UNA GROSSA CRISI

Jules, 3 anni, ha una crisi al supermercato perché suo padre, Cédric, si rifiuta di comprargli un giocattolo. Una donna di una certa età si permette di dire parole dispregiative sui metodi educativi dei giovani padri, mentre un'altra donna dà a Cédric consigli che lui trova stupidi e condiscendenti. Cédric si sente invadere da un grande senso di inadeguatezza e inizia a chiamare a gran voce il piccolo, in modo esagerato, poi tenta di giustificarsi...

Senza dubbio è mantenendo la calma e restando se stesso che Cédric avrà il miglior risultato: «Sai, Jules, non è facile per me con tutte queste persone intorno a noi. Tu hai voglia di gridare forte, ma io ti ho già detto di no. No significa no. Ne riparleremo a casa».
E poi aggiungete: «Scusateci per tutto questo rumore, usciremo al più presto dal supermercato».

Cédric potrebbe anche spiegare alla persona più vicina a lui che se finisce per cedere con il suo bambino, questo penserà che gridando può ottenere tutto quello che vuole.

REGOLA N. 47
Restate determinati su ciò che avete scelto nell'interesse del vostro bambino. E ignorate i commenti degli altri. In sintesi, tenete sempre voi il timone.

Vostro figlio è anche un alunno

Abbiamo già parlato dei genitori che subentrano dopo le separazioni, degli altri membri della famiglia e degli adulti di passaggio.
Ma che dire delle relazioni tra insegnanti e alunni, che trascorrono insieme un gran numero di ore? E tra gli insegnanti e i genitori degli alunni? Conflitti e tensioni nascono di frequente in una classe. Quando i genitori ne sono informati dai loro figli, devono intervenire? E se sì, in che modo?

Stabiliamo le regole

Chi è responsabile di cosa e di chi, in quale momento e in quale luogo? L'insegnante ha ricevuto dalle istituzioni il diritto di esercitare la sua autorità a scuola, durante l'orario scolastico. I genitori non sono superiori gerarchici dell'insegnante e non possono pretendere da lui che abbia tale o tal altro modo di insegnare. D'altra parte, quando emerge una qualche difficoltà con il loro bambino, il punto di vista dei genitori può illuminare quello dell'insegnante.
Allo stesso tempo, se un insegnante non può dare disposizioni a un genitore sulla gestione del tempo all'interno della famiglia, può segnalare a questi che, spesso, il loro figlio il lunedì mattina è stanco.

Genitori e insegnanti: punti di vista certamente diversi

I conflitti tra genitori e insegnanti sono molto frequenti, perché i punti di vista sono diversi per svariate ragioni. Quando un insegnante parla di uno dei suoi alunni, descrive una situazione di tipo professionale, ma il genitore sente parlare del proprio bambino e questo suscita un sacco di emozioni. Voi avete uno o più bambini a casa, ma vostro figlio è anche allievo di una classe che conta tra i venticinque e i trenta alunni, provenienti da famiglie diverse. Le regole non possono essere le stesse di quelle che vengono adottate a casa vostra.
Infine, l'insegnante non conosce vostro figlio come lo conoscete voi perché il bambino non gli mostra le diverse sfaccettature della sua personalità.

Le relazioni a scuola, una storia a volte dolorosa

Perché a volte i genitori vengono accusati di disinteressarsi dei loro figli e della loro riuscita scolastica? Molti di loro al contrario considerano importante il percorso scolastico doi loro figli, anche se non incontrano mai gli insegnanti, poiché nel loro paese d'origine, per esempio, l'insegnante è legittimato a fare il proprio lavoro senza essere disturbato. Sfortunatamente, ci sono anche genitori troppo presi da questioni economiche e da problemi materiali per poter rispondere alle convocazioni da parte della scuola ed essere più presenti.
E voi, come vedete questa relazione tra insegnanti e genitori? C'è qualcosa che vi preoccupa o avete vissuto esperienze difficili con gli insegnanti dei vostri figli?

Genitori, come intervenire a scuola?

Il vostro bambino vi segnala un problema. Qualunque esso sia, come prima cosa è necessario che venga compresa la sua percezione della realtà. Ascoltarlo non vuole dire dare un giudizio sull'accaduto solo rispetto alla sua versione.

PADRE DI UN BIMBO DI 6 ANNI

«Mio figlio mi ha detto che è stata punita tutta la classe per colpa di un un gruppetto che chiacchierava, ma che lui non faceva parte del gruppetto e non stava chiacchierando. Devo protestare, come genitore?».

Vostro figlio trova ingiusto che sia stata punita tutta la classe? Non vi fidate ciecamente di tutto ciò che fanno gli insegnanti, perché gli adulti non hanno sempre ragione. A volte, lo comprendete, deve essere difficile per l'insegnante riportare il silenzio in classe. Ma secondo voi non dovrebbe optare per la punizione collettiva.

La punizione collettiva è una pena doppia per gli allievi che non sono colpevoli e che per di più subiscono l'atmosfera pesante della classe. Quanto accaduto merita almeno un chiarimento ed è nell'interesse dell'insegnante essere informato del risentimento dei suoi alunni. Se l'insegnante rifiuta di ricevervi, non fate irruzione, usate semmai la mediazione di un rappresentante dei genitori o rivolgetevi alla direzione della scuola.

Ma attenzione, ascoltare vostro figlio non significa dover prendere per oro colato quel che dice, tantomeno le accuse che rivolge ad altre persone, che siano bambini o adulti. Se vostro figlio tende a mentire, a esagerare o a discolparsi sempre, dovrà pagare le conseguenze del suo comportamento. Comunque sia, prima di tutto ha bisogno di essere ascoltato: perché ha dato una versione alterata dei fatti? Cosa nasconde dietro questa storia?

PADRE DI UN BAMBINO DI 8 ANNI

«Mio figlio è stato punito dal suo insegnante perché chiacchierava con un vicino di banco. Mi vuole dalla sua parte, tenta di intenerirmi e di influenzare il mio giudizio affinché prenda le sue difese».

Sostenere vostro figlio significa aiutarlo a diventare grande, non tenerlo al riparo da tutto o farsi manipolare da lui. Non prendete a priori posizione contro l'insegnante. Invitate vostro figlio a pensare bene a quel che è successo e chiedetegli di descrivere esattamente la situazione. Cosa dipende da lui e cosa potrebbe cambiare? Potrebbe riparlarne con l'insegnante per cercare una soluzione insieme a lui?

Passare dal faccia a faccia al fianco a fianco

Informate l'insegnante di ciò che sapete, che vedete o percepite e che egli non può sapere perché non è al vostro posto. Allo stesso modo l'insegnante può informarvi di un comportamento di vostro figlio di cui non eravate al corrente. L'incontro è utile e costruttivo se ognuno offre il proprio punto di vista e ascolta quello dell'altro, e se i genitori e gli insegnanti condividono ciò che è possibile fare, ciascuno nel proprio ruolo specifico, per aiutare l'allievo nel rendimento scolastico e a mantenere la motivazione nei confronti della scuola. La regola seguente è l'occasione per spingersi oltre...

REGOLA N. 48

È prima di tutto vostro figlio a essere coinvolto in quello che succede a scuola. Cosa può fare per risolvere un problema? E che cosa si aspetta da voi? Prestate attenzione alle sue lamentele... ma non troppo.

TEST

Genitori e insegnanti: dal "faccia a faccia" al "fianco a fianco"?

Come sostenere al meglio vostro figlio come alunno? Temete di ascoltare un parere "scomodo" attorno alla sua vita da scolaro? Qual è la vostra opinione sulla scuola?
Per ognuna delle domande seguenti, scegliete la risposta più vicina al vostro comportamento abituale.

1 Quando vi convocano a scuola, vi dite che è sicuramente per...
A Un problema con vostro figlio.
B Un'informazione generale.
C Un rimprovero da fare a voi.
D Un favore da fare o un invito a una mostra.

2 Se fate parte di quella schiera di genitori che va poco a scuola, che cosa vi impedisce di essere più presenti?
A Ho paura di essere deluso o contrariato.
B Non ho voglia, le riunioni sono sempre troppo lunghe.
C So già cosa mi direbbero.
D Vorrei andarci più spesso, ma il tempo non me lo permette.

3 Come reagite quando vostro figlio vi porta un giudizio positivo da firmare?

A Non abbiamo altro da fare, firmare dei giudizi!

B È normale ottenere buoni risultati a scuola.

C Sono pieno d'orgoglio.

D È giusto incoraggiare le cose positive nel bambino.

4 Qual è la vostra posizione rispetto ai compiti per casa?

A Guardo i suoi quaderni ogni sera. Sorveglio e aiuto il mio bambino, oppure lo fa il mio partner.

B Il bambino deve sbrigarsela da solo; se ha bisogno chiederà aiuto all'insegnante.

C Gli chiedo di leggere il suo diario e di fare i compiti.

D Gli chiedo come ha passato la giornata, guardo il diario e il libretto quando c'è un problema.

5 Vostro figlio si è comportato male a scuola: trovate una nota sul libretto

A L'avevo avvisato: niente piscina per un mese. Capisce solo in questo modo.

B Il rimprovero a scuola non basta?

C Perché si rivolgono a me come se fossi io il colpevole?

D Mi fa piacere essere informato. Chiedo a mio figlio che cosa ne pensa. Alla prima occasione ne parlo con il suo insegnante.

6 Il professore di vostro figlio gli ha dato una punizione che trovate sbagliata: 30 righe da ricopiare...

A Quel professore ha preso mio figlio come capro espiatorio.

B Non ho tutti gli elementi in mano. Penso che mio figlio debba abituarsi ai modi di fare di altri adulti.

C Dico a mio figlio di non eseguire la punizione. Vado a parlare col preside.
D Scrivo all'insegnante per capire meglio le ragioni della punizione. Chiedo a mio figlio che cosa è successo in classe.

Qualche spunto di riflessione

Se avete una maggioranza di A
Non vi fidate della scuola e avete l'impressione che la scuola sia un altro mondo?

Andate dagli insegnanti a inizio anno, senza aspettare di essere convocati, per conoscerli e se è il caso per chiedere un aiuto per il vostro bambino. Così, se un giorno sarete convocati per chiarire un problema, arriverete meno nervosi.
Fate la conoscenza anche degli altri genitori. Le assemblee dei genitori sono spazi e momenti di scambio e il rappresentante di classe potrà farsi portavoce delle vostre preoccupazioni durante i consigli di classe.

Se avete una maggioranza di B
Concentrate la vostra energia sulle priorità della famiglia e non capite tutto quello che succede a scuola.

Malgrado tutto, cercate di cogliere qualche occasione di incontro che vi permetta di conoscere gli insegnanti di vostro figlio e altri genitori: feste, mostre di lavori degli alunni o progetti di uscite con la scuola. Abbiate il coraggio di fare domande circa ciò che vi preoccupa.

Se avete una maggioranza di C

La vita scolastica di vostro figlio vi preoccupa? Vi dedicate molte energie e lo sorvegliate da vicino.

Incoraggiate vostro figlio senza voler controllare sempre tutto.
Non è necessariamente una cosa positiva per lui che voi sappiate tutto su ciò che fa.

Se avete una maggioranza di D

La scuola è la vita di vostro figlio. Seguite di quando in quando il suo percorso, ma senza che questo pesi troppo sulla vostra vita familiare.

La vostra serenità non può che essere contagiosa. Non dimenticate però di valorizzare gli sforzi di vostro figlio.
I bambini si sentono rassicurati nel vedere solidarietà tra insegnanti e genitori, una cooperazione di adulti che vigilano insieme (ma rimanendo ciascuno al proprio posto) per garantire la sua riuscita e il suo benessere.

REGOLA N. 49
Seguite la vita scolastica di vostro figlio, ma permettetegli anche di fare qualche esperienza da solo, lontano dal vostro sguardo, soprattutto quando ci sono altre figure che vigilano su di lui.

Genitori, abbiate fiducia

Abbiate con voi stessi la medesima gentilezza che cercate di usare con vostro figlio: posate su di voi uno sguardo amorevole e paziente, consideratevi dei buoni genitori, ancora capaci di migliorare. I media attaccano con molta facilità i genitori e gli insegnanti, accusandoli di essere troppo severi e retrogradi o, al contrario, permissivi e rassegnati. Non vi fate toccare da queste critiche... state facendo del vostro meglio! A volte è difficile essere genitori, ma non bisogna nemmeno farsi prendere da continue paranoie. Nonostante tutti gli impegni quotidiani, riuscite a ritagliarvi del tempo per voi e per ascoltare i vostri figli, sapete ciò che va bene e ciò che non va bene, perciò abbiate fiducia in voi stessi. Malgrado gli inevitabili errori e le incertezze, siete una buona guida per i vostri figli e ve ne prendete cura. E queste sono le basi da cui partiranno per costruire se stessi. In un bellissimo film di Radu Mihaileanu (*Vai e vivrai*, 2005), una madre bisbiglia semplicemente al suo piccolo: «Va', vivi, cresci!». Vi auguro dunque di stare bene con voi stessi e di vivere una bella avventura con i vostri figli.

REGOLA N. 50

Non aspirate alla perfezione, cercate solo di migliorare dove sentite di doverlo fare, insieme e grazie ai vostri piccoli tesori che fanno tutto ciò che possono per crescere. Abbiate fiducia in loro!

A conti fatti...

Per concludere, vi invito a capire ciò che potrete migliorare nel vostro essere genitori. Ognuno adatterà il questionario che segue alle proprie esigenze. Potrete rileggerlo, di quando in quando, per valutare la vostra evoluzione.

1. Ripensate a un conflitto che si è concluso bene tra voi e i vostri figli o tra loro. Che cosa ha permesso di trasformare questo conflitto in un'occasione di miglioramento?
2. Ricordate un episodio in cui vostro figlio si è reso indipendente, si è mostrato capace di essere autonomo? Come avete accolto questa sua iniziativa?
3. Ricordate un gesto di opposizione o di resistenza da parte di uno dei vostri figli? Col senno di poi, riuscite a comprendere, adesso, il suo punto di vista?
4. Ricordate di avere gestito bene un momento di crisi emotiva di uno dei vostri figli? Come siete riusciti a mantenere o a ritrovare la calma? Che cosa vi ha permesso di rimanere oggettivi? Quale soluzione equa avete trovato?
5. Ricordate di avere protestato di fronte a qualcosa che vi ha contrariati? Siete riusciti a canalizzare la vostra rabbia e a esprimerla in modo fermo e abbastanza posato?

6. In quale momento siete riusciti a lasciare andare, ad avere fiducia, ad accettare di non poter controllare tutto, a condividere il vostro potere?
7. Quale regola avete messo in atto? Funziona abbastanza bene?
8. Vi siete confrontati con un altro genitore che vi ha chiarito le idee su una questione. Descrivete quel momento.
9. Avete saputo parlare con calma di un disaccordo con un altro adulto che si occupa del vostro bambino. Raccontate come siete riusciti a esprimere il vostro punto di vista e ad ascoltare un parere diverso dal vostro.
10. Avete individuato qualche piccolo passo da compiere: una regola da rendere più efficace o da rivedere, una contrarietà da esprimere, un accordo da chiarire, un castigo più educativo da trovare, un progetto simpatico da proporre e così via.

Prendete atto dei vostri progressi!

Letture consigliate

Gli autori dei volumi che vi indico qui di seguito, non concordano su tutto. A voi lettori il compito di farvi un'opinione personale.

Thomas D'Ansembourg, *Smettila di essere gentile, se non sei autentico*, Edizioni Paoline, 2016.

Jean Epstein, *Comprendere il mondo del bambino*, Armando, 2011.

Adele Faber, Elaine Mazlish, *Come parlare perché i bambini ti scoltino e come ascoltare perché ti parlino*, Mondadori, 2017.

Isabelle Filliozat, *Le ho provate tutte!*, Piemme, 2014.

Philippe Jeammet, *Cari genitori. Lettera ai genitori di oggi*, Armando, 2012.

Janusz Korczak, *Le regole della vita. Pedagogia per giovani e adulti*, Mimesis, 1996.

Philippe Meirieu, *I compiti a casa. Genitori, figli, insegnanti: a ciascuno il suo ruolo*, Feltrinelli, 2013.

Ringraziamenti

Ringrazio tutti i genitori e tutti i bambini che mi hanno fornito così tante testimonianze. Auguro a tutti di proseguire il cammino con il reciproco sostegno che si trova sempre negli scambi più autentici.

Ringrazio tutti i miei amici del Mouvement pour une Alternative Non violente (*nonviolence.fr*), della Coordination pour une Éducation à la non-violence et à la paix (*education-nvp.org*) e i Centres d'Entraînement aux Méthodes Éducatives et Actives (*cemea.asso.fr*) che mi hanno accompagnata e stimolata nella riflessione e nella promozione di un'autorità benevola e di un'educazione non violenta.

Ringrazio Catherine Steine, François Vaillant e Juliette Collonge per la loro rilettura attenta e le loro osservazioni costruttive.